本书为山东省社科规划项目
"批评转喻分析：理论与应用研究"成果
（项目编号：13DWXJ10）
及国家社科基金"英汉词汇对比：认知语义视角"成果
（项目编号：11BYY114）

A Study of Metonymy
through the Lens of
Rhetorical Criticism

转喻的修辞批评研究

·李 克 著

厦门大学出版社 国家一级出版社
XIAMEN UNIVERSITY PRESS 全国百佳图书出版单位

序

　　山东大学翻译学院李克博士从海外来信,请我为他的专著《转喻的修辞批评研究》写一份学术评论。李克博士曾随我攻读西方修辞学博士学位,本书是他读博阶段的研究成果,对此我是比较熟悉的(尽管我们博士生导师主要是全局宏观的指导)。

　　李克博士目前正在美国科罗拉多大学访学,师从知名的修辞学和传播学学者 Sonjia K. Foss 教授。上个世纪 80 年代中,我在美国 IUP 读修辞学与写作博士课程时,有一位任课教师叫 Patrick Hartwell,他是著名的修辞学与写作研究教授,向我推荐了 Foss 与他人合著的《当代修辞学之管窥》(*Contemporary Perspectives on Rhetoric*),读后觉得该书对当代修辞学诸家理论的遴选及述评有独到的见解。我虽与 Foss 教授从未谋面,但在后来我给博士生指定的阅读书单中列了她的这本书,再后来在一个学术场合碰到了 Foss 教授的一位学生——台湾世新大学的传播学教授,他听说我在课堂上使用了 Foss 的书后很是兴奋地说,终于有大陆学者引进 Foss 了。这次,李克博士能有机会当面求教于 Foss 教授,肯定受益匪浅。果不其然,写序前重读李克博士即将付梓的《转喻的修辞批评研究》,发现书稿质量又有了明显的提升。

　　这部有关英语转喻的论著到底有什么贡献?谈这个问题前,让我们先勾勒一下西方修辞学者对比喻中的老大——隐喻——的研究轨迹。

　　就比喻的研究而论,比喻中的隐喻过去是,现在仍然是主角,西方修辞学对于隐喻的研究堪称最为广泛、最为浩大,不仅历史长久悠远,而且构建的隐喻理论,既有深度又有广度,还顺应发展大势不断充实。我们现在看到的不仅仅有把隐喻视作一种比喻性的语言,特殊语言特征的研究成果,还有把隐喻看成与人们的经历和认知有关的研究成果,于是就有了国内学界熟悉的《我们赖以生存的隐喻》(George Lakoff & Mark Johnson),还有国内比较陌生的"非语言隐喻",如"音乐隐喻"(Mark Blechner)和"绘画隐喻"(Robert Vischer)。但是,有一点不能忽视的是,"认知隐喻""概念隐喻"或"非语言隐喻"的出现,是对隐喻某一个方面的研究,它们对于隐喻的分类和隐喻本质的揭示有着很大的发展,但是它们的出现决不能废弃或取代现成的隐喻论,而且它们的萌芽

1

其实在古典修辞研究中早就有朴素的理论表述。比如:Jan Garret 在论述亚里士多德的《修辞学》时说,隐喻与学习有很大的关联。在这儿要强调的是,现今对于隐喻的认知研究成果,只是补充和丰富了隐喻论的体系和内容,它们的出现是建立在对本体研究的大量成熟的理论之上的,如果没有亚氏的隐喻论,没有 I.A.Richards 的《修辞原理》(*The Philosophy of Rhetoric*)中的"喻体"与"本体"之分,没有 Monroe Beardsley,Jean Cohen,Anton Reichling,Hedwig Konrad,Derek Bickerton,Ernst Cassirer,J.J.Mooij 等学者关于隐喻的"比较理论""互动理论""内涵理论"的贡献,今天的隐喻认知研究是否能够取得目前的成绩恐怕还很难说。

对于小众的转喻来说,尽管西方和我国的修辞学界都热衷于从认知的角度来研究,并且也取得了一定的成绩,但是对于如何描述、识别转喻,如何解释、评价转喻等基本问题,迄今还没有形成一个完整的理论体系。

李克博士的研究,以我的理解,就是从西方修辞学角度对英语转喻论的探索和构建,尽管他的论著中也有一定篇幅涉及转喻的认知或认知的转喻,不过,如果与英语隐喻研究的发展阶段来类比的话,李克博士的研究归属于英语隐喻研究中的理论探索和构建阶段。

评价一部论著的质量,我认为首先要以其构建的理论是否具有创新性为要,这是国内外一些著名大学的共识和惯例。对于李克博士对英语转喻论的研究,我认为其创新性具体体现在两大方面:(一)构建了自己独特的修辞批评模式;(二)构建了一种英语转喻论。

(一)构建了自己独特的修辞批评模式

转喻,从西方古典修辞学开始就是修辞学研究的对象。修辞批评,除了有以传统与非传统之分的方法之外,另外还有以其他因数构建起来的批评模式,比如以传统理性主义、心理或戏剧等因数构建的批评模式,尽管每种方法或模式都有其特点,但是没有哪一种方法或模式可以避免各自不可逾越的局限性。美国著名的修辞批评研究家 K.K.Campbell 在《当代修辞批评》(*Critiques of Contemporary Rhetoric*)中指出,修辞批评的一个重要意义,就在于它是一种创造性的活动,修辞批评者可以根据要批评的修辞对象来选择自己所要建立的批评体系。

从论著中可以看出,李克博士是在构建自己的修辞批评模式,他没有机械地沿用任何一种修辞批评方法或模式,也没有套用现成的隐喻研究理论或模式,而是通过对丰富转喻语料的分析,归纳出转喻的特点,有的放矢地构建了一种转喻修辞批评模式。李克博士的研究立足于传统的修辞批评法,吸收了语言的认知功能等理论营养,继承了古典修辞学的精华,整合新修辞学和批评性语篇分析等理论,设计出一种独特的转喻批评模式,这一模式是继承与创新并举的产物,也是一种学术性创造,它的建立丰富了修辞批评的理论宝库。

(二)构建了一种英语转喻论

以往对转喻的研究,无论国内还是国外,都是把它作为一种修辞格,而且用来分析和佐证的语料多半取自文学作品。随着 21 世纪语言研究的修辞与认知转向,国内外又把研究重心放在了转喻的认知角度上。总体而言,国内很少有学者对转喻有过全面系统的研究成果,国外即便是对语言劝说作用颇有研究的美国学者 W.Nash,其在《语言劝说的智慧》(*The Wit of the Persuasive Uses of Language*)中也没有多少篇幅给转喻。

比较国内外其他学者对英语转喻的研究,无论是在描写、解释还是评价方面,李克博士的论著都要全面、系统些。

李克博士的研究有效地使用了西方修辞学理论中的诸多理论,其所使用理论的丰富性、合适度和阐释力合力起来揭示了英语转喻的本质,勾勒出英语转喻的全貌,成功地构建了一种英语转喻论,填补了英语转喻论的一大缺失。

平心而论,要构建一种英语转喻论决非易事,其中的艰辛程度我是了解的,李克博士能够成功地做了出来,我是很欣赏的。对照我在 20 多年前写的《英汉修辞比较研究》中关于英语转喻(书中叫"借代法")的论述,看到年轻的学者能就英语转喻写出这么多的弘论,欣喜万分。

愿与学术同行们分享!

胡曙中

上海外国语大学博士生导师

曲阜师范大学特聘教授

前　言

修辞批评理论是西方修辞学理论中一个重要的组成部分。近年来,国内外尤其是国内学者对其的研究逐渐呈升温的趋势。修辞批评,顾名思义,即是依靠修辞理论对修辞现象进行的批评。而转喻作为一种修辞现象,也应成为修辞批评的对象。同时,转喻理论也是近年来迅速发展起来的一个研究热点,学者们分别从不同角度对其进行了较为广泛的研究。目前在这一方面,国外的研究主要集中在认知语言学框架内对其概念的定位、分类以及其在语义、语法、句法、语篇等方面的研究。20世纪80年代初,认知语言学家只是在论述隐喻时顺便提到转喻。20世纪90年代开始,转喻研究才被提上日程。国内学者的研究中一部分把转喻作为一种修辞格来看待,另一部分则在认知语言学视域下关注转喻。总体来讲,国内外的转喻研究的侧面比较广泛,但都存在研究视域局限(主要集中在转喻的本体性研究和其与语言各层面之间的关系)、研究思路不够开阔等问题。国内研究倾向于介绍西方的研究成果,缺乏原创性的理论与研究方法。整体来看,国内外研究均未提及对转喻的修辞批评研究。鉴于国内外在这一领域的研究现状,本书尝试从修辞批评视角出发对转喻进行分析与评价,并将转喻与修辞批评整合出一个新的研究范式——批评转喻分析,在阐述其本位性、可操作性与适用性特征的基础上构建一个合理的、适合分析与评价语篇中的转喻现象的语篇分析模式。

本项研究重点参考定性的研究方法,研究手段采用以语言为主附加文字的描述性分析,通过严密论证,以严谨的逻辑性获取效度。批评转喻分析的过程依据定性的研究中目的性抽样原则下的具体策略,从语料中选取代表性语篇来验证分析步骤的可操作性和适用性。此外,本课题主要吸收了古典修辞学、新修辞学、批评性语篇分析、认知语言学、政治学、翻译学等研究领域中的相关原理和方法。而对修辞理论的借鉴,本课题始终以西方修辞学为基石,以当代修辞学研究为指引,在继承与创新并举中不断推进研究的深化。

本项研究主要在以下几个方面做出了有意义的创新:(1)合理界定了关键术语"修辞批评""批评""转喻""批评转喻分析"以及"转喻能力";(2)明确了转喻的修辞批评研究的分析步骤;(3)首次基于西方修辞学较为系统地对转喻的

1

修辞批评研究步骤进行再定位,从而构建出一个层次分明、结构合理的研究范式;(4)得出了转喻的修辞批评研究的启示意义,这对于在英语写作、阅读与翻译中培养学生的转喻能力都具有重要的实践意义。此外,本课题对"修辞情境"以及"意识形态"等重要概念进行了深入的辨析,在比较和论证的基础上都提出了自己具有一定创新意义的观点。本项研究最主要的创新体现在把西方修辞学中的相关概念(如"辞屏""修辞动机""修辞情境""修辞劝说""同一"等)整合到转喻的修辞批评研究的三个分析步骤中,使批评转喻分析模式逐步清晰化。

本书在基于修辞批评理论对转喻的分析与评价方面做出了一定的理论突破,将有助于确立批评转喻分析在众多修辞批评模式中的一席之地,显示其独特的理论价值。转喻的修辞批评研究也为语篇分析新模式的构建提供了一定的理论参考。本课题还将为英语写作教学、阅读教学以及翻译教学提供一定的实践价值。

专著出版之际,特别要感谢我的导师胡曙中教授给予我的悉心指导。导师对待研究的豁达胸怀与严谨态度深深影响了我,他的言传身教总是激励着我在科研道路上不断前行。最后我要感谢家人对我的影响和备至关怀。我的妻子李淑康是我的良师益友,她的深刻和敏锐常使我产生很多新的学术体会与想法,给予我极大的支持。真诚感谢所有在学术与人生道路上给予我帮助的师友、亲朋以及单位同事!

目 录

第一章 引 言

第一节 解题

本书书名是全书研究内容最精炼的概述。其中的核心词语标示了研究的范围以及焦点所在,因此有必要首先对这些核心用语加以限定与说明。本书《转喻的修辞批评研究》涉及三个关键词,它们是"转喻""修辞批评""研究",以下将分别提供它们的定义、特征和适用对象等。

在英语中,"metonymy"(转喻)一词源于希腊文中"metonmia"一词,后者又由"meta"(转变)的"onoma"(名称)合成。"转喻"[①]的定义最早出自于未知作者的《修辞和解释》一书:"转喻是一个修辞格,它从邻近和联系紧密的事物中获得语言形式,通过这一语言形式我们能理解不该被词语命名的事物"(张辉、卢卫中,2010:10)。一般来讲,邻近性(contiguity)是转喻的一个标志性特征。Jakobson(1956)把转喻看成是在横向轴上"语义特征"之间的邻近性。以上这些定义都是在传统修辞学范畴中对转喻的定位。传统修辞学把转喻看成是一种用某事物的名称代替相邻近事物名称的修辞手段。实际上,从亚里士多德开始,转喻和隐喻一直被认为是两种广泛使用的修辞手段。国内学者陈望道的《修辞学发凡》第一次明确地将"借代"定义为:"所说事物纵然同其他事物没有类似点,假使中间还有不可分离的关系时,作者也可借那关系事物的名称,来代替所说的事物。如此借代的,名叫借代辞。"总之,邻近性这个特征是传统修辞学对转喻的定位中反复提及的核心元素。当然也有些修辞学者对转喻的定位中没有提及邻近性。我国专门研究西方修辞学的胡曙中教授在《现代英语修辞学》中对"转喻"下的定义是"用某个属性的或暗示的词来代替真正要表示的东西或人物"。这个定义虽未涉及邻近性,但"暗示"与"真正"这些字

---

① 传统修辞学把转喻称作借代,也有学者把转喻称作换喻。(参看刘亚猛:《追求象征的力量:关于西方修辞思想的思考》,生活·读书·新知三联书店2004年版,第237页;束定芳:《隐喻和换喻的差别与联系》,《外国语》2004年第3期,第26页)

1

眼也透露着一种"相关性"或曰"邻近性"。

自从 20 世纪 80 年代以来，认知语言学界开始逐步关注转喻。相对隐喻来说，转喻常常被看作是隐喻的附属品。20 世纪 90 年代以来，国外陆续出版了一些较有影响力的论文集（如 Panther ＆ Radden,1999；Barcelona,2000；Dirven ＆ Pöring,2002）和专著（如 Ruiz de Mendoza ＆ Otal Campo,2002）。很多认知语言学家都对转喻进行了定位。Lakoff ＆ Johnson(1980)把转喻看作是一个认知过程，这一过程可以让人们通过一个事件与其他事件的关系对该事件进行概念化。Lakoff(1987)随后将转喻看作是发生在同一个理想化认知模式(ICM)中的替代关系。Langacker(1993)把"转喻"定义为"一种参照点现象，是一个实体通过转喻表达以参照点的方式为目标域提供心理通道的过程"①。Radden ＆ Kövecses(1999)则指出，"转喻是一个认知过程，在这一过程中一个概念实体（即喻体）在同一个理想化认知模式内向另一概念实体（即喻标）提供心理可及"②。实际上，这些对转喻的定位均是在狭义认知语言学③框架下进行的。以上定义中分别涉及了"认知过程""心理通道""心理可及"等术语。这些术语属于认知科学与心理学范畴，范畴界限有些模糊，也不易把握和理解。相比较而言，理想化认知模式（它是一个有组织的概念结构知识域，即关于某物或某人的知识之和）的概念则更易把握。当然，这个理想化认知模式是基于某个概念实体构建的。另外，关于转喻，部分与整体④之间的替代关系是一种基本的、首要的、传统的转喻关系。因此，转喻是发生在相关概念实体的理想化认知模式内部分与整体以及部分与部分之间的互动⑤关系。互动关系体现在理想认知模式内此模式之间的互相影响与激活关系上。

---

① 原文为"metonymy is a reference-point phenomenon in which one conceptual entity, the reference point, affords mental access to another conceptual entity, the desired target"。

② 原文为"metonymy is a cognitive process in which one conceptual entity, the vehicle, provides mental access to another conceptual entity, the target, within the same idealized cognitive model"。

③ 沈家煊(2010)指出，狭义认知语言学认为语言能力同人的一般认知能力没有本质的差别。狭义认知语言学不是语言学的一个分支，而是代表语言学界近年来兴起的一个新的学派或思潮。它也不是一种单一的理论，而是代表一种研究范式，其特点是着重阐释语言和一般认知能力之间密不可分的联系（张辉、卢卫中：《认知转喻》，上海外语教育出版社 2010 年版，第 i 页）。

④ 传统来讲，部分与整体之间的关系被看作是提喻(synecdoche)的典型关系。本书中的"转喻"既包括汉语修辞格中提及的借代和借喻，也包括提喻。

⑤ 使用"互动"主要考虑转喻关系的动态性，可随语境发生变化。

陆俭明(2009:45)指出,在认知域①里,不是一个认知域可以投射/影射到另一个认知域,而是一个认知域可以激活另一个认知域。

本书中,我们拟将传统修辞学与认知语言学对转喻的定位进行整合,本书中的"转喻"主要指一种基于邻近性的、相关概念实体的理想化认知模式中部分与整体以及部分与部分之间的互动关系。实际上,这里的"转喻"②主要作为一种语篇分析的语料。

"修辞批评"的产生标志一般被认为是美国修辞学家 Wichelns 在 1925 年发表的《演讲的文学批评》。Wichelns 把"修辞批评"界定为"对演说者将自己的思想传达给听众的方法所作的分析和评价"(Benson,1993:26)。由此可见,最初的修辞批评概念把批评领域限定在传统修辞学涉及的演讲领域,当然这里也把"批评"看成是一种"分析与评价"的行为。实际上,修辞批评,顾名思义,是一种依据修辞理论对某些修辞现象进行分析与评价的行为。Foss(2004:6)把"修辞批评"定义为"为理解修辞过程而对象征行为和人工制品进行的系统分析与考察的一种定性研究方法"。Hart & Daughton(2005:22)认为,修辞批评是为识别修辞现象的复杂性而对其进行综合有效地解读与解释的一种行为。学者们给"修辞批评"下的定义有很多版本,但总起来看大都涉及修辞批评的对象——修辞现象、修辞行为、象征行为,修辞批评的方式——系统的分析与评价。鉴于"修辞"的定义很难界定,"修辞批评"的定义实际上是很难界定的。袁影(2008)给出了这样的定义:"修辞批评是对象征系统借以产生影响的策略运用过程所作的系统分析和评价。"实际上,这个定义的涵盖面广,较为全面地揭示了修辞批评的概貌。它可以看作是一个广义上的"修辞批评"定义,因为象征系统是西方新修辞学中所推崇的一个重要修辞学概念,它可以包罗万象,几乎涵盖社会生活的一切文化现象。本课题中的"修辞批评"是一个狭义的概念。它不涉及修辞批评的哪一种具体模式,只是在宏观层面上的一种理论依据。经过考证得出,**它是一种依据相关修辞理论对劝说性语篇和言语产品(口头和书面语篇)进行的系统分析与评价过程**。本课题涉及的"转喻"便是这种意义上修辞批评的一个研究对象,它既存在于劝说性语篇中,也可以看作是一种言语产品。本课题涉及的修辞理论则主要依托古典修辞学与西方修辞学中的一些相关理论,如辞屏、修辞动机、修辞情境等。

"研究"一词的选用主要基于对转喻进行的修辞批评,实际上更多是一种研究方法或思路。"研究"一词侧重于理论方面的建设。本课题主要是依托修

---

① 这个"认知域"指的是理想化认知模式,后面一个"认知域"指的是理想化认知模式内的次模式。

② 既包括传统的修辞转喻,也包括当代认知语言学意义上的概念转喻。

辞批评的理论框架对转喻进行系统的分析与评价,进而构建一种批评转喻分析的研究范式。因此,"研究"一词的选择会更有深度,也更合适。

对书名的详细解读,可以有效地透析本书的核心内容。本书中所涉及的三个关键词——"转喻""修辞批评"与"研究"体现了一种跨学科的研究思路,覆盖了西方修辞学与认知语言学等领域的理论,有助于深层次地透析转喻这种修辞现象。

第二节　研究目的及意义

近年来,随着学界对隐喻研究的重视。转喻,作为隐喻的"姊妹修辞格",也越来越引起了语言学界的关注。自从 Lakoff & Johnson 所著的《我们赖以生存的隐喻》(*Metaphors We Live By*)问世以来,转喻研究便被提上了日程。Panther & Radden 1999 年编著的《语言与思维中的转喻》(*Metonymy in Language and Thought*)进一步激起了学界对转喻的高度重视。修辞学界对转喻的关注主要局限在其"修辞格"的身份上,而认知语言学界对转喻则给予了越来越多的关注。历次国际认知语言学研讨会上,转喻都会被当做一个讨论议题,虽然这个议题可能不是那么显著,但总有一些学者就此议题做深入研讨。国内认知语言学界也给予了转喻足够的关注。截止 2011 年,全国认知语言学研讨会已经连续举办了七届。2011 年,第十一届国际认知语言学大会更是第一次在中国举办。作者连续参加了从第四届至第七届的全国认知语言学研讨会和此次国际认知语言学大会。每一次的研讨会,转喻都是一个必备的议题。然而目前国内外的研究主要局限在转喻在词汇、句法、语用以及语篇等方面的应用(见第二章相关文献述评),未出现将转喻与西方修辞学相关理论结合进行探讨的情况。此外,修辞批评研究在国内也刚刚起步,因此,从修辞批评视角对转喻进行的研究可以视为一个较为新颖的尝试,这也是作者选择此项课题的主要动因之一。

本书旨在修辞批评的理论框架下,对转喻进行分析与评价,从而试图构建一种批评转喻分析的研究范式。结合修辞批评,批评转喻分析应该有自己的一套分析方法。它同时也有自己的分析对象、功能与外延意义。结合西方修辞学理论,批评转喻分析旨在通过描写转喻选择构建的"辞屏",结合修辞情境进一步解释转喻选择所包含的意识形态意义和修辞动机,进而基于相关评价标准揭示语篇构建者对受众的修辞劝说意图从而达成两者之间"同一"的终极目标。

理论上讲,本课题对转喻理论方面的研究做了有益补充,开拓了转喻研究的视域,同时对修辞批评的研究范围也有一定的拓展作用。另外,本课题具有一定的实践意义。批评转喻分析对英语写作、英语阅读与翻译①教学有启示意义。作者曾做过调查,高校英语专业的学生到了三年级时对转喻的知识了解甚少,大部分学生把 metonymy 看作是一种修辞格——借代,有些学生甚至根本不知道 metonymy 为何物;有 80% 以上的学生能够用汉语举个 metonymy 的例子,但只有 37.83% 学生能举个 metonymy 的英语实例;同样,在日常阅读与写作中,学生也不会牵扯到 metonymy 的使用(李克、李淑康,2008:80)。因此,在英语写作与阅读教学中,如果能对转喻进行系统的分析与评价,则可以有效地培养学生的转喻能力,从而提高阅读与写作水平。涉及翻译教学,目前国内已经有一些学者开始关注转喻与翻译之间的关联。转喻的普遍性决定着翻译过程中译者恰当处理源语文本中存在的转喻的重要性。因此,在翻译教学中,通过系统地描写、解释与评价语篇中的转喻,可以有效地帮助学生认知源语文本中转喻的特点以及转喻选择体现的修辞动机,从而依据恰当的转喻翻译策略有的放矢地在目标语文本中将转喻用法体现出来(参看第八章第五节)。总之,批评转喻分析对外语教学有重要的实践价值。

第三节　研究框架和方法

虽然修辞批评的出现至今已经快一个世纪了,国外对修辞批评研究的高度重视也是从 21 世纪初开始的,但国内对修辞批评理论的研究则更显滞后,因此,修辞批评仍然算是一个相对比较前沿的议题。同时,转喻研究逐步成为国内外研究的热点,但研究视域较为局限,过多局限在词汇、句法、语义、语用与语篇等层面,没有将其与西方修辞学理论相结合。因此,本课题以此为切入点,基于修辞批评理论框架对转喻进行系统的、有效的分析与评价,并试图构建一个批评转喻分析的研究范式。在对转喻研究文献梳理的基础上,本课题首先从内涵与外延两方面对修辞批评进行了详尽的界定,进而试图在修辞批评理论基础上构建批评转喻分析的研究范式,并对分析步骤(主要包括转喻描写、转喻解释与转喻评价)进行论证,最后本课题阐明了批评转喻分析对英语阅读、英语写作与翻译教学的实践意义。

本课题所依据的修辞理论主要基于西方修辞学传统,包括古典修辞学与西方新修辞学。古典修辞学中的修辞劝说是一个与批评转喻分析相关的修辞学范畴。劝说或说服是古典修辞学的核心组成部分。亚里士多德、昆提利安、西塞罗的修辞学巨著中都体现着这一经典的修辞学范畴。西方新修辞学中的

---

①　选取这三个方面是因为它们更易把握,更能体现教学中学生的转喻能力的培养策略。

辞屏、修辞动机、修辞情境与同一是其他几个与批评转喻分析相关的修辞学范畴。

　　本项研究重点参考定性的研究方法,附以内省法①、类比法以及案例分析法,研究手段采用以语言为主附加文字的描述性分析,通过严密论证,以严谨的逻辑性获取效度。批评转喻分析的过程依据定性的研究中目的性抽样原则下的具体策略,从政治演讲语篇、体育新闻语篇、广告语篇以及文学语篇中选取某些语料来验证分析步骤的可操作性和适用性。此外,本课题主要吸收了古典修辞学、新修辞学、认知语言学、批评性语篇分析、政治学、翻译学等研究领域中的相关原理和方法。而对修辞理论的借鉴,本课题始终以西方修辞学为基石,以当代修辞学研究为指引,在继承与创新并举中不断推进研究的深化。

第四节　研究目标和主要内容

　　本书旨在修辞批评的理论框架下对转喻进行描写、解释与评价,以期更好地认识语言、社会与思维之间的关系;同时也尝试提出批评转喻分析的研究范式。这种分析方法的提出建立在修辞批评理论与转喻融合的基础上。转喻的修辞批评研究旨在通过转喻描写揭示转喻选择体现的"辞屏",通过转喻解释揭示转喻选择蕴含的意识形态意义与修辞动机,通过转喻评价揭示批评转喻分析的终极目标。

　　一、如何界定转喻与修辞批评?

　　国内外学者已经对转喻在语言的各个层面做了较为全面的研究,涉及词汇、语义、句法、语用与语篇等侧面。关于转喻定义的研究,仁者见仁,智者见智。对转喻的分类也林林总总。有的学者讨论符号转喻、概念转喻与指称转喻(Radden & Kövecses,1999),有的学者关注述谓转喻和言语行为转喻(Panther & Thornburg,1997),有的学者研究语篇转喻(Al-Sharafi,2004)。国内学者程琪龙(2010)更是基于若干视角,包括符号本体视角、概念构造视角、域视角、言语行为视角以及概念整合视角,对转喻的种类做了详尽的划分。

---

　　① Ruiz de Mendoza 和 Otal Campo(2002:23)在谈到转喻研究的方法论问题时指出,目前很少有人使用大型的语料库来研究转喻,该领域主要的研究方法还是认知语言学中最常用的内省法。当然近年来,也出现了一些基于语料库的转喻研究(如 Stefanowitsch Anatol and Gries Stephan. Th., eds., *Corpus-based Approaches to Metaphor and Metonymy*, Berlin/New York: Mouton de Gruyter, 2006)。

本书中的"转喻"并不单指某一类转喻。基于传统修辞学与认知语言学理论对转喻的定位,本书将"转喻"定义为一种基于邻近性的、相关概念实体的理想化认知模式中部分与整体以及部分与部分之间的互动关系。

对"修辞批评"的定位是非常复杂的。因为"修辞"是难以把握的概念,它可以局限到古典修辞学中的演讲形式,也可以扩大到 Burke 修辞学理论中的象征系统。相对来讲,"批评"的定义则更易把握。"criticism"(批评)本源自希腊文 krisis,即指判断/评价(judgment)(E. Black,2005:29)。Brockriede(1974)将"批评"定义为"评价或分析经历的行为"。Andrews(1983)将"批评"定义为"对人类活动产品进行阐明和评价的系统过程"。基于以上研究,袁影(2008)认为,批评是系统分析和评价的行为,这个定义是对"批评"的合理界定。在考察了 Wichelns,Foss,Hart & Daugton,袁影等学者对修辞批评下的定义后,笔者拟采用狭义的"修辞批评",即**"一种依据相关修辞理论对劝说性语篇和言语产品(口头和书面语篇)进行的系统分析与评价的过程"**。

二、如何对转喻进行修辞批评研究?

本书涉及的"转喻"便是这种意义上修辞批评的一个研究对象。鉴于修辞批评是依据相关修辞理论对劝说性语篇和言语产品(口头和书面语篇)进行的系统分析与评价的过程,那么要对转喻这种现象进行分析与评价,需要依据相关修辞理论。这里的修辞理论主要基于西方修辞学传统包括辞屏、修辞动机、修辞情境、劝说、同一等。既然修辞批评是一个过程,那么对转喻的批评也应有一个分析的步骤。在充分论证 Campbell(1972),Campbell & Burkholder(1997),Foss(2004)以及 Kuypers(2005)等提出的修辞批评分析步骤的基础上,本课题拟将对转喻的修辞批评步骤限定在转喻描写、转喻解释、转喻评价。

三、如何选取西方修辞学传统的修辞学范畴作为批评转喻分析的理论依托?

西方修辞学是一个非常宽广的领域。从时间段上,既包括古典修辞学、中世纪修辞学、17 至 18 世纪的修辞学、19 世纪末至 20 世纪初的修辞学以及 20 世纪初至现在的西方修辞学。西方修辞学的理论范畴也相当广泛,既包括亚里士多德的修辞理论、西塞罗的修辞理论,也包括韦弗的修辞理论、Burke 的修辞学理论等。本书依据理论构建的需要将选择一些恰当的修辞学范畴。在范畴数量的选择上,为避免范畴过多而难以深入或范畴过少而缺乏系统性,因此本书主要选取了"辞屏""修辞动机""修辞劝说""同一""修辞情境"等五个范畴。

四、何为批评转喻分析?

Charteris-Black(2004)提出了一种隐喻分析方法——批评隐喻分析(critical metaphor analysis),旨在综合运用语料库分析、批评性语篇分析、语用学和认知语言学的研究方法分析隐喻。Charteris-Black 认为,隐喻用于劝导时表达了作者的评价,因而是文本意识形态的一部分。实际上,从另一个角度讲,批评隐喻分析也是对隐喻的一种修辞批评研究,对隐喻的分析与评价可看作是修辞批评的一种特有形式。作为隐喻的"姊妹修辞格",转喻的修辞批评研究也可以称作批评转喻分析。

批评转喻分析是依据相关修辞理论对转喻现象的系统分析与评价,可以看作是对转喻的一种修辞批评研究方法。通过描写转喻现象,可以在识别转喻的基础上揭示转喻选择构建的辞屏;通过转喻解释,可以结合修辞情境揭示转喻选择隐含的意识形态意义和修辞动机;通过转喻评价,可以依据转喻评价的相关标准揭示批评转喻分析的终极目标,即透析语篇构建者为实现其与读者之间"同一"的意图。

五、转喻的修辞批评研究的应用价值何在?

转喻的修辞批评研究对外语教学尤其是英语阅读、写作与翻译教学具有一定的启示意义。实际上,转喻的修辞批评研究的主要实践意义在于基于批评转喻分析构建的转喻能力与英语阅读、写作与翻译之间的关系及其在教学过程中的培养与形成。转喻能力是在批评转喻分析的理论基础上构建的一种能力或意识,主要包括五个方面(参看第八章第二节)。这种能力的培养对于提高学生的阅读、写作与翻译水平具有重要的价值。

本书主要围绕"如何对转喻进行修辞批评研究""如何选取西方修辞学传统的修辞学范畴作为批评转喻分析的理论依托""何为批评转喻分析"等问题展开研究,即基于修辞批评理论框架,依托西方修辞学理论,对转喻进行系统的分析与评价。其中的难点在于对转喻与修辞批评的界定,以及对相关西方修辞学理论的选取。这涉及对转喻进行修辞批评的一个步骤问题。界定好了这个步骤,才能有的放矢地选取西方修辞学中的相关修辞学理论,从而构建出批评转喻分析的研究范式。

第五节 主要创新点

本书主题各章(第三章至第七章)都有程度不等的创新之处,各章的小结部分都做了相关总结。末章中的"本书的主要贡献"一节中也有详细介绍,在此作者将主要介绍全文中最重要的创新点。

　　创新是学术研究的生命线。如果没有创新,只是在重复前人的研究,这样的研究将没有任何价值。本课题的主要创新之处分为两方面。一方面发展了一些旧概念,如转喻、修辞批评;(1)鉴于传统修辞学对转喻的定位主要集中在将邻近性作为转喻的区别性特征,作者在对转喻定位上也保留了这一转喻的重要特征。再者,因研究者的研究视角各不相同,认知语言学界赋予"转喻"以林林总总的定义。作者选取了 Lakoff(1987)提出的理想化认知模式作为重要的理论依据。进而结合传统修辞学,对转喻进行了合理的定位。(2)针对修辞批评,作者在总结以往研究者提出的定义的基础上,依据本书的需要,对修辞批评做了一定的发展与改进。另一方面将转喻与修辞批评进行整合,构建了批评转喻分析的理论方法。这既是对转喻研究的一种推进,也是对修辞批评理论的一种发展。(3)基于批评转喻分析,合理界定了转喻能力。本书依据批评转喻分析的转喻描写、转喻解释与转喻评价三个步骤,并参照隐喻能力的构成,将转喻能力分为五个方面,体现了本书的理论与实践价值。

第六节　语料来源

　　由于批评转喻分析的对象主要集中在劝说性语篇与某些言语作品中,因此,本书的语料主要来自政治演讲语篇、体育新闻语篇、广告语篇以及文学语篇中,主要来源如下:

　　1. 期刊小说类

《人民文学》《灭亡》《杜拉拉升职记》

　　2. 网络文本

《纽约时报》网络版、《华盛顿邮报》网络版、《中国日报》网络版、搜狐网、人民网、百度文库

　　3. 语料库

英国国家语料库、北京大学汉语研究中心语料库

　　4. 其他

《北京晚报》等报纸,电视剧《中国式离婚》中搜集来的语料,CCTV-1、优酷网等节选的广告以及少量网络上搜集到的语料

第二章　相关研究述评

第一节　引言

对转喻的研究可以追溯至亚里士多德时期。自亚里士多德将转喻视为隐喻的附属品以来,转喻研究一直被隐喻研究的繁荣之势所掩盖。传统上,汉语界一般将转喻称作借代。陈望道的《修辞学发凡》第一次明确地将"借代"①定义为:"所说事物纵然同其他事物没有类似点,假使中间还有不可分离的关系时,作者也可借那关系事物的名称,来代替所说的事物。如此借代的,名叫借代辞。"借代,顾名思义便是借一物来代替另一物出现。传统修辞学把转喻仅仅看作是一种修辞格。真正开始转喻研究的热潮始自 20 世纪八九十年代,距今只有 30 年左右。Lakoff 的转喻理论推动了转喻研究的发展势头。认知语言学界不再把转喻仅仅看作是一种修辞手段,而是进一步把转喻看成人们认识客观世界的一种认知工具和思维方式。

目前,从国内外对转喻的研究状况来看,一方面转喻涉及面不断扩大,解释力不断增强;另一方面转喻研究视域主要局限在传统语言学领域,跨学科研究较少。此外,鉴于转喻在传统修辞学界与认知语言学界对其的不同定位,以及本书的研究目标之一在于对转喻的界定,本书将主要从转喻分别作为一种修辞格和一种认知工具两方面对转喻概念内涵的研究进行述评,从而找到本课题的理论意义。另外,鉴于本课题的研究目标以及隐喻与转喻的密切关系,本章还将介绍批评隐喻分析理论以理清本书的研究思路。

第二节　作为一种修辞格的转喻研究

传统上,转喻被看作是一种基本的修辞格。《大英百科全书》对"转喻"下

---

①　如前所述,本书中的"转喻"属于广泛意义上的转喻,既涵盖传统意义上的借代,也包括提喻。

了这样一个定义:"metonymy"(转喻)源自希腊语 *metōnymia*(意思是"名称的改变"),它是一种修辞格,其中一个物体或概念的名称被与之紧密相关的或暗示的词所替换,比如"王冠"代指"国王"("The power of the crown was mortally weakened"),再如作家代指其作品("I'm studying Shakespeare"[①])。"转喻"的定义最早出自于未知作者的《修辞和解释》(*Rhetorica and Herenium*)一书:"转喻是一个修辞格,它从邻近和联系紧密的事物中获得语言形式,通过这一语言形式我们能理解不该被词语命名的事物"[②](张辉、卢卫中,2010:10)。

一、国外研究述评

鉴于本节的重点在于转喻作为一种修辞格的研究,笔者将主要探讨与之相关的一些研究。我们把时间段限制在古典修辞学至今。之所以从古典修辞学开始,原因有二:其一,本书的整个理论框架是西方修辞学传统,古典修辞学是这个传统的一个阶段。其二,把转喻作为修辞格的研究追根溯源一般都会归结到古典修辞学家亚里士多德那里。

亚里士多德在《诗学》的第 21 章中区分了四种"隐喻",其中包括了"转喻"[③]和"提喻"(Nerlich et al,1999:362)。其实亚氏把转喻看成了隐喻的一种附属品。实际上,古希腊古典修辞学对转喻的关注一直没有中断过,但转喻研究一直没有形成一个体系,只是零零散散的研究。转喻并不是古希腊修辞学研究最多的修辞格之一。至今发现第一本明确提及转喻的修辞学专著是 Tryphon 在公元前 1 世纪著的《修辞格》(*De tropis*)(Arata,2005:55)。Tryphon 给了"转喻"两个版本的定义。其中第二个版本的定义较第一个来说明确一些:转喻是指称特定事物的词类,它的字面意义表征另一个与之有某种联系的事物[④](Arata,2005:57)。实际上,这个定义也是非常模糊的,仅仅表明

---

① 参看原文:metonymy (from Greek, "change of name," or "misnomer"), figure of speech in which the name of an object or concept is replaced with a word closely related to or suggested by the original, as "crown" to mean "king" or an author for his works.(摘自 http://www.britannica.com/EBchecked/topic/378726/metonymy)

② 原文如下:Metonymy is the figure which draws from an object closely akin or associated an expression suggesting the object meant, but not called by its name.

③ 那时并不叫"转喻"和"提喻"。当时亚里士多德没有用转喻这个术语。亚里士多德将转喻看作隐喻一个分支的观点一直延续到上个世纪中叶(陆俭明:《隐喻、转喻散议》,《外国语》2009 年第 1 期,第 45 页)。

④ 原文如下:metonymy is a part of speech which is imposed on a given thing in a literal sense, but which signifies another given thing according to a type of relationship.

了转喻涉及的两个事物之间的某种关联,把转喻看作是一种词类本身具有很大的局限性,当然这也受限于古典修辞学对转喻的研究视域。另一古罗马修辞学家昆提利安曾把"修辞格"界定为"偏离自然的和通行的表达方法的表达方式"。他列举了十二种修辞格,其中包括转喻。昆提利安甚至认为:"隐喻通过词语的交换与借代不仅增加了语言的丰富性,而且还成功地完成了使每一个事物都得到命名这一极其艰难的任务。"①这里的"交换"与"借代"便涉及转喻这种修辞格。在昆提利安的转喻定义中,邻近性被删除了,这样以来修辞格的界限非常模糊,转喻只成了一种修辞格。

到了文艺复兴时期,Peter Ramus 在 16 世纪重组了中世纪的语法、修辞和逻辑三学科,拉米斯对修辞学的重组最终使这个修辞学萎缩到只剩下文体和演说技巧。同时把修辞格减少至四个:隐喻、转喻、提喻和与反讽。当代语言学家 Roman Jakobson 又把这四种缩减为两种:隐喻与转喻。② 他提出隐喻和转喻是语言运作的两个重要原则,隐喻属于语言的选择轴,转喻则属于关系轴,涉及的是事物之间的邻近性。转喻始终是被保留的一个修辞格,由此可见其在传统修辞学领域中的重要地位。Stephen Ullmann 1962 年的论著《语义学:意义之科学引论》(Semantics: An Introduction to the Science of Meaning)中指出,转喻是基于语言意义相邻(contiguity of linguistic meanings)的语言内部解释。这个界定明确了转喻的一个基本特征——邻近性,与 Jakobson 的理论形成呼应。美国修辞学家 Kenneth Burke 在《动机语法》(A Grammar of Motives)中也提及隐喻、转喻、提喻和反讽等四种修辞格,只不过他的侧重点不在对修辞格本身的研究,而是关注修辞格与人们看待世界的视角之间的关系。

其实,国外很多著名的百科全书和词典也都将转喻看作是一种修辞格,比如前面提到的《大英百科全书》。Columbia Dictionary of Modern Literary & Cultural Criticism(1995)同样将转喻界定为一种修辞格,并指出转喻的构建基于邻近性。

虽然有的定义中没有邻近性,只是简单的表明"相关关系"或"某种关联",但邻近性的确贯穿在转喻做为一种修辞格的研究历程中,它逐步被看作转喻的标志性特征。在此基础上,加拿大皇后大学修辞学者 Hugh Bredin 对转喻

---

① 见 Quintilian, *Institution Oratoria*, Ⅷ. ⅵ. 5-7。原文如下:It adds to the copiousness of language by the interchange of words and by borrowing, and finally succeeds in accomplishing the supremely difficult task of providing a name for everything。

② Jakobson 的研究仍属于修辞学系统的修辞格理论。

下了这样的定义:"转喻是以外在和简单的形式相互关联的事物之间的名称转换①"(1984:57)。这个定义发展了邻近性,将邻近性进一步细化为一种外在形式和简单形式。

国外对转喻的修辞格研究,尤其是古典修辞学对转喻的"修辞格"的定位,对国内相关研究有着重要的影响,当然,国内的研究也有自己的特色。

二、国内研究述评

国内研究方面,对转喻的概念内涵的研究主要分为两个层面:一是转喻的修辞格界定;二是转喻所涉及的相关性关系的界定。

作为一种修辞格,转喻的研究主要出现在汉语界,尤其是汉语修辞学界。在汉语界,"转喻"一般被称作"借代",同时也被看作是一种修辞格,这主要受到中国修辞学家、语言学家陈望道先生在1932年所著的《修辞学发凡》②中给借代所下的定义的影响。袁晖对陈望道的修辞研究作过这样的评论:"作者(陈望道)用力最多的是修辞格。最有成就的也是修辞格。作者着眼点放在修辞格的建立上,但对修辞格和非修辞格的界限注意很不够。……我国修辞学长期存在的'修辞格中心论',与这本书的示范作用,不能说没有关系"(转引自王希杰,2005:3)。

实际上,在《修辞学发凡》之前,中国语言学史上的巨著《马氏文通》就已经注意到了借代这种修辞现象的一个方面,虽未能科学地提出一个概念名称,但对其内涵的说明已较为清晰。马氏分析了以物代人、以地代人和以时代人的借代现象。同时,马氏还看到了借代用法不仅限于起词,还可用在其他句法位置上,所以他说:"诸引公共之名以为代者,皆起词也。然止词、转词亦可用也。此举起词以概耳"(吕叔湘、王海,2001:637)。当然,马氏对借代的研究还只是整个借代研究的一个侧面,毕竟《马氏文通》不是一本修辞学专著。

进入20世纪以来,修辞学作为一门独立的学科逐渐形成。对借代修辞格的概括,一般说来,都有定义说明、下位类型、举例分析等内容,使借代研究走上了独立前进、规范发展的道路。唐钺1923年出版的《修辞格》,在第二章"根于联想的修辞格"中列出了六种"伴名格"和八种"类名格"。但其把伴名和类名独立为两种修辞格,不合乎汉语实际,因此未能延续下去。遗憾的是唐氏并

---

① 参看原文:Metonymy is a transfer of names between objects which are related to one another extrinsically and simply.

② 《修辞学发凡》自从1932出版后,一版再版,本书引用的定义取自2008年复旦大学出版社出版的版本。虽然再版过多次,但本书中的"借代"定义却一直保留至今,没有做过修改。

没有给"借代"一个明确的名称和定义。1932 年问世的陈望道的《修辞学发凡》在借代的阐述上既体现了集前人大成的特点,第一把唐钺的"伴名"和"类名"并为一格,命名为"借代",下分"旁借""对代"两类。这样的分类简化了借代的类别,同时陈氏的借代定义深深影响了修辞学界对转喻的修辞格定位。很长一段时间内,我国许多当代修辞学家都把转喻看作一种修辞格。王德春与陈晨在其《现代修辞学》中将借代作为修辞格的一个类别,并列举了九种借代类型(2001:342-344)。刘亚猛(2004)在《追求象征的力量》中的第五章"修辞格与'修辞密码'"中,谈及 Burke 的四大修辞格观时,将"metonymy"译为"换喻"。虽然名称不同,但至少也把它看作是一种修辞格。胡曙中在《现代英语修辞学》(2004)中论及修辞格的分类时,把"metonymy"译为转喻,并列出了转喻的三种情况。谭学纯与朱玲(2008)在《广义修辞学》在谈及"人们通过语言来构筑或者接近现实的时候,不断借助超越逻辑语言的修辞手段"时,提及了"借代型成语"的修辞化特征,他们将借代看作一种修辞手段。由此可见,转喻的修辞格身份是有历史渊源的,也随着理论发展逐渐保留下来。

当代我国修辞学界对转喻的关注也放在转喻中体现的"关系"上。《辞海》(1989)对"转喻"下的定义是"甲事物同乙事物不相类似,但又不可分离的关系,则用这种关系,以乙事物的名称来代替甲事物,叫借代"。其中"不可分离的关系"便是转喻中必不可少的关系。对这种定位也存在于一些汉、英修辞格词典中。《汉语修辞格大辞典》①对"转喻"下的定义是"不直接说出要说的人或事物的本来名称,而借用和该事物密切相关的人或事物的名称去代替"。《英语修辞格词典》②把转喻界定为:"Metonymy 一词来自希腊语,意为'a change of name'。借代就是用 A 事物的名称来代替 B 事物的名称。A、B 两事物在某方面有着密切的联系,当提到 A 事物时,人们便自然想起 B 事物,这是借代的基础。"由此可见,这两种词典给的定义中都涉及转喻成立的条件中存在的事物之间的"密切联系"。其实,这种"密切联系"或"不可分离的联系"与前文中的"邻近性"相吻合,是转喻的一个标志性特征。

当然,很多修辞学者也在其对转喻的界定中提及这种关系。对转喻下的定义有很多,作者选取了以下五个为代表,它们具有时间跨度较合理、分布地域(涉及大陆和台湾的修辞学界)较广与定义界定较明确等特点。王希杰(1983)指出,借代,就是借彼代此,舍去人或事物的本来名称不用,而借用与它相关的人或事物的名称来称呼它。史锡尧、杨庆蕙(1984)也认为,借代是借与

---

① 唐松波、黄建霖主编:《汉语修辞格大辞典》,中国国际广播出版社 1989 年版,第57-58 页。

② 文军主编:《英语修辞格词典》,重庆大学出版社 1992 年版,第 129 页。

某一事物有某种密切关系的另一事物来代替这一事物的一种修辞手法。董季棠(1994)下的定义则更为详尽："平常说惯的词语,不新奇,引不起读者的注意;作者用另一种说法来表示,使人有耳目一新之感。这另一种说法,虽不是本来的事物,当和本来的事物必有某种关系,如全体和部分关系,或标识和本体的关系等,借它来表示。这种修辞法,叫做借代。"黄伯荣、廖序东(2002)则指出,不直接说某人或某事物的名称,借同它密切相关的名称去代替,这种修辞格叫借代。李庆荣(2002)的定义中也提到这种关系:"借代就是不用事物本来的名称,而用和它有密切关系的其他事物的名称来代替。"虽然罗列出的转喻的定义有很多版本,但"相关""某种密切关系""某种关系""密切相关"与"密切关系"等5个关键词较为明确的表明了转喻的一个标志性特征——邻近性。另外,修辞学界把转喻的这种邻近性限定在人或事物的范围内,认为是现实世界中人或事物之间的邻近。实际上,这种限定在一定程度上限制了转喻的研究视域。

当然也有些学者认为,邻近性关系太粗略,应当细化。胡方芳(2008)区分了三种邻近性:整体和部分的关系、事物和其伴随特征之间的关系与偶然的邻近性,对转喻的研究推进了一步,改变了以往只停留在宏观层面上的邻近性概念。鉴于本课题的研究对象仅限于一种广泛意义上的转喻,这种细化的邻近性不在本课题的转喻定位范畴内。

相对来说,转喻作为一种修辞格的研究是一种比较传统的研究。近年来发展起来的认知语言学则从全新的角度考察了转喻。

第三节　作为一种认知工具的转喻研究

在认知语言学开始对转喻展开系统全面的阐释之前,转喻一直都被视作是一种修辞格,而且对其所进行的修辞性阐释过于简单化、单一化,说服力不够(陈新仁,2008:84)。传统修辞学对转喻的认识主要停滞在显性层面上。所谓转喻的替代观只是从语句的语义条件方面来考虑的,这并未反映出转喻识解中的认知心理过程。自从1980年,认知语言学界的"圣经"——莱可夫与约翰逊的《我们赖以生存的隐喻》问世以来,转喻的研究便逐渐被提上了日程。国外学者将转喻研究推向更深更广的研究领域;国内学者则在跟风国外研究的同时,也逐步建立起自己的研究特色。

本节的述评主要分为国外与国内研究。如前所述,作者的述评将主要关注对转喻的本质与概念内涵的研究,略微关注转喻在语言个层面的应用。

一、国外研究述评

在当今语言学界,转喻研究在语言学界尤其是认知语言学界是一个举足轻重的角色,逐渐成为一个研究的热点。原因可能在于很长一段时间内隐喻研究占据了认知语言学研究的一个重要份额,而转喻研究则处在一种"影子"的地位。国外学者们对转喻的关注主要分为三个方面:一对转喻的本质及运作机制的研究;二转喻与隐喻之间的关系;三转喻的应用。鉴于本课题的一个重要研究目标是对转喻的界定,作者将主要对第一方面进行述评。

在认知语言学界,传统上被看作是修辞格的转喻被赋予一种新的身份。哲学家和认知语言学家都认为转喻是我们对世界进行概念化的有力工具。

20 世纪 80 年代以来,认知语言学家对转喻的关注使转喻的研究出现了新面貌。80 年代初,认知语言学家只是在论述隐喻时顺便提到转喻(Lakoff & Johnson,1980;Lakoff,1987;Lakoff & Turner,1989;Taylor,1995),转喻并不被看作是认知语言学中的一个重要理论,这或许受制于亚里士多德以来转喻一直被看作隐喻的"附属品"的传统观点。但从 90 年代开始,一些认知语言学家开始关注转喻的研究(Goossens,1990;Croft,1993;Dirven,1993;Langacker,1993;Fauconnier & Turner,1999)。从 90 年代末开始,陆续出版了一些有影响的论文集(Panther & Radden,1999;Barcelona,2000;Dirven & Pöring,2002;Ruiz de Mendoza & Sandra Peña Cervel[①],2005;Stefanowitsch & Gries,2006)和专著(Ruiz de Mendoza & Otal Campo,2002)。他们对转喻的本质及其内部的运作机制等方面进行了研究。

对转喻的本质及运作机制的研究主要是从 Lakoff 和 Johnson 开始的。Lakoff & Johnson(1980:35)指出,转喻是一个认知过程,它允许我们使用一个事物来指代另一个相关的事物。表面来看,这个定义与传统的转喻定义没有什么差别,但它扩大了转喻的认知力量。Lakoff(1987)又提出了理想化认知模式(ICM),转喻被描写成理想化认知模式的一种形式。ICM 是一个有组织的概念结构知识域。这个概念的提出明确了转喻与人们的认知、知识与经验之间的关系,对转喻的本质研究起到了重要作用。在此基础上,Lakoff & Turner(1989)又把转喻看作是在一个认知域中的概念映现(conceptual mapping)。他们(1989:103)认为,认知语言学家在隐喻的论述中提出的两个重要看法都适用于转喻:两者本质上都是概念的,二者都可以理解为映射过程。"概念映射"一词正体现了人们的认知与转喻的本质之间的密切关系,但"映

---

① 此论文集虽不是专门针对转喻研究的,但其中收录了两篇(Panther 与 Barcelona 所写)转喻论文,分量较重。

射"一词又略显得模糊而不易把握。

　　另一位认知语言学家 Langacker(1991)指出,转喻由相对凸显的原则提供理据,认知上凸显的实体被称为"认知参照点"。进而,Langacker(1993)把"转喻"定义为"一种参照点现象,是一个实体通过参照点—目标的认知操作建立与另一实体之间的关系的过程"。这里涉及一个建立在参照点—目标之间的认知操作过程。Langacker(1999)进一步发展了自己的理论,他重申转喻是一种参照点现象,由转喻词语指定的实体作为一个参照点,为被描述的目标提供心理可及,并同时把听读者的注意力引导到目标上。以理想化认知模式为基础,Radden & Kövecses(1999:21)指出,转喻是一个认知过程,在这一过程中一个概念实体(即喻体)在同一个理想化认知模式内向另一概念实体(即喻标)提供心理可及。这个定义实际上涉及三个问题:一是转喻会出现在有ICM 的地方;二是这一心理桥梁(mental bridge)使形成概念的人可及想要描写的目标,这涉及来源域和目标域之间的关系;三是有一些概念实体可以更好地把我们的注意力引导到目标上去(张辉、孙明智,2005:4)。持心理通道说的还有 Barcelona(2000)。他将"转喻"定义为一个认知域向另一个认知域的概念映射,两个领域都包含在同一领域内,认知域内的源域为目标域提供心理通道。

　　西班牙认知语言学家 Ruiz de Mendoza 则持有另一种观点。Ruiz de Mendoza 等人把转喻看成意义详述的过程,这一过程要么包括一个认知矩阵域(cognitive domain matrix)的拓展,要么包括一个认知矩阵域的缩减。根据他们的观点,转喻总是建立在域和次域的(domain and subdomain)的关系上。这个理论涉及认知域的源域与目标域。

　　以上有关转喻的本质及运作机制的研究出现一些交叉现象,比如 Lakoff(1987)的理想化认知模式说与 Radden & Kövecses(1999)的心理通道说,两者之间都提及理想化认知模式。实际上 Radden & Kövecses(1999)是对 La-koff(1987)的一种发展。再如 Barcelona(2000)的心理通道说也提及了概念映现,这与 Lakoff & Turner(1989)的概念映现说一致,后者是对前者的发展。总起来,有关转喻的本质及运作机制的研究有至少四种理论:一是概念映射理论,认为转喻是同一认知域的两个概念实体之间的映射过程。代表人物是 Lakoff & Turner。二是参照点理论,认为转喻是发生在认知上凸显的参照点与目标之间的认知操作过程,代表人物是 Langacker。三是心理通道理论,认为转喻是一个认知过程,在同一认知域或理想化认知模式内一个概念实体为另一个概念实体提供心理可及。代表人物是 Radden & Kövecses 和 Barce-lona。四是认知域理论,认为转喻是建立域和次域的关系上,在这个关系上,主要的认知域为矩阵域。代表人物是 Ruiz de Mendoza。这四种理论不能说哪一种更科学、更合理。总起来讲,研究者出发角度的不同产生了不同的理论假说。

对转喻的本质及运作机制的研究还涉及另一个重要问题,即邻近性。不仅传统修辞学在对转喻的定位中提及邻近性,认知语言学界也把其作为一个重要因素。转喻是基于邻近性的,传统修辞学与认知语言学都承认这一点。但对于什么是邻近性,二者却存在分歧。在认知语言学中,邻近性不是语言结构内部或事物之间的相邻关系,而是在概念层次上的邻近性。正如陈香兰(2005:57)所说,从认知的角度看相邻关系是概念的,而不是语言修辞和语义的,这一观点打开了通向转喻理解更宽阔的领域。Roudet(1921)提出转喻中概念相邻的观点。认知语言学界对此的关注是从上世纪 80 年代开始的。大多数研究集中在认知科学家提出的人类概念化的本质和实验心理学家提出的关于转喻本质的思维迁移,在这样的氛围下,Roudet 的概念相邻的定义又重新被认识。客观来讲,认知语言学界对转喻的邻近性没有给予足够的关注(Feyaerts,2000;Dirven,2002;Peirsman & Geeraerts,2006)。Lakoff & Johnson(1980)首先指出转喻是人们通过与其他事件的关系对另一事件进行概念化的认知过程。这里的“关系”便涉及概念层面上的邻近性。Peirsman & Geeraerts(2006)较为关注邻近性,并对转喻的邻近性进行了类型学的划分,将之划分为四类:部分/整体,容器/容积,接触,毗邻。其中部分/整体被看作是最典型的邻近性。德国认知语言学家 Ungerer & Schmid(2008:115)指出,转喻被认为包含一种词表示的字面意义和它相应的比喻意义之间的邻近性(或曰接近或邻近)。尽管讨论邻近性的研究不多,但认知语言学界对其在转喻定位中的重要角色还是持肯定态度的。

二、国内研究述评

从国内的研究的成果来看,研究转喻的专著主要有李勇忠(2004)的《语言转喻的认知阐释》、江晓红(2009)的《认知语用研究:词汇转喻的理解》、张辉与卢卫中(2010)的《认知转喻》、杨成虎(2011)的《语法转喻的认知研究与王勇(2011)的《〈论语〉英译的转喻视角研究》。其中,李勇忠的论著是较早从认知的视角研究转喻的专著。另一本值得注意的论著是《认知转喻》,该书较为详尽地阐述了转喻的本质和分类、隐喻与转喻之间的关系、转喻在词汇、语法、语义、语用、语篇以及翻译等层面的应用。除了专著之外,2011 年束定芳主编的论文集《隐喻与转喻》也进一步推动了国内转喻研究。除此之外,其余的都是单篇论文,或是在论述其他问题时顺便提到转喻。作者在中国期刊全文数据库、中国优秀硕士学位论文全文数据库、中国博士学位论文全文数据库论文库,分别以"题名"①为"转喻",以"时间段"为"1982—2012"②进行检索分别出现篇数——649,127,11。虽然这些数字背后的转喻研究并不一定全是从认知视角对转喻的研究,但这足以表明国内转喻研究的热度。其实,国内真正认知转喻的研究还是从 20 世纪末和 21 世纪初开始的。

国内认知转喻的研究主要跟风于西方认知语言学界对转喻的研究。因此,在研究开始时间上自然要滞后接近 20 年③。从中国期刊全文数据库的搜索结果来看,我国第一篇从认知语言学角度研究转喻的论文是沈家煊 1999 年发表在《当代语言学》上的"转指与转喻"。文中指出:"本书赞同认知语言学的观点:转喻不是什么特殊的修辞手段,而是一般的语言现象;转喻也不仅仅是语言现象,而是人们一般的思维和行为方式"(1999:4)。从 21 世纪初,认知转喻研究在国内认知语言学界便迅速发展起来。

跟国外研究相似,国内的认知转喻研究主要分为三个方面:一转喻的本质及运作机制研究(沈家煊,1999;董成如,2004;张辉、孙明智,2005;文旭、叶狂,2006;陈香兰、申屠菁,2008;陈新仁,2008;程琪龙,2011);二转喻与隐喻之间的关系(刘正光,2002;束定芳,2004;陆俭明,2009);三转喻在语言各个层面的应用(张辉、周平,2002;李勇忠,2004;李勇忠,2005;魏在江,2007;张韧,2007;李克、卢卫中,2008;卢卫中、刘玉华,2009;陈香兰、申丹,2010;江晓红,2011)。当然国内研究也有自己的特色,将转喻理论运用到汉语层面(邹春玲,2008;黄洁,2011),转喻与翻译之间的关联(谭业升,2010;卢卫中,2011)以及转喻与逻辑的系列研究(徐盛桓,2008;2009)④便是重要的创新与特色。

本课题将主要关注第一方面的研究。针对这一研究侧面,国内很多学者的研究起到了开拓性的作用,比如沈家煊(1999)涉及的认知转喻的研究。目前从国内对转喻的本质及运作机制的研究来看,大部分是介绍西方认知语言学家的转喻理论或在介绍的基础上提出自己的理解或看法,原创性的理论不

---

① 使用"题名"的检索将使检索结果更具代表性,同时也可压缩检索范围。在中国期刊全文数据库中进行检索时,"检索项"为"篇名"。
② 硕博士论文库的检索时间段目前只是"1999—2012"。
③ 如果从 Lakoff & Johnson 所著的《我们赖以生存的隐喻》算起的话,时间滞后接近 20 年。
④ 除了徐盛桓先生的这一研究系列,胡方芳在其博士论文中指出,在所谓的"转喻是日常的思维和行为方式"背后,需要进行分化,即以逻辑思维方式为基础形成的转喻,以及以超常思维方式为基础形成的转喻。(胡方芳:《现代汉语转喻的认知研究》,博士论文,华东师范大学,2008 年,第 29 页)目前的研究普遍关注了以逻辑思维方式为基础形成的转喻,而对以超常思维方式为基础形成的转喻却缺乏研究。胡的研究为这一领域提出了新的研究课题。

多,这也为国内认知语言学界提出了深刻的问题。当然,很多学者对转喻本质及运作机制的研究是比较深入的,张辉、孙明智(2005)指出,转喻关系本质的显著特征是偶然性。陈香兰、申屠菁(2008)发展了 Ruiz de Mendoza & Otal Campo(2002)提出的矩阵域,提出了"转喻操作域为矩阵域"的观点,可对 ICM、框架、图式和百科网未能解释的转喻操作的多域现象做出合理的解释。结合国内外研究,卢卫中、刘玉华(2009)提出了一个转喻运作的统一模式。在此模式里,选择参照点是转喻的起始阶段,而映射、凸显/激活和提供心理通道则是转喻的实现阶段。这个模式呈现了转喻运作的阶段,具有较大的借鉴价值。

随着理论研究的深入,也出现了一些较有新意的观点。徐盛桓(2009)论证了转喻机理的核心是"本体是喻体",可抽象为"A 是 B"。"本体是喻体"是将本体的外延内涵内容的一部分转换为喻体,这好像是将本体的外延内涵内容的一部分传输出去,喻体就是从本体传输出的这部分的外延内涵内容所选择和认定的,从而使人们获得用喻体对本体作出还原性阐释的认知效果。徐对转喻运作机理的论证是颇具挑战性的,比如,他引入的数理逻辑使转喻的运作机制以程式的形式呈现,这在一定程度上影响了读者在转喻解读过程中的主观能动性。程琪龙(2010)认为,概念转喻的认知机制主要是各概念语义连接构成的各种概念构造以及具有操作整体效应的概念框架,并提出了转喻运作的多通路的认知关系网络机制。实际上,此表述中的概念框架的内涵与理想化认知模式的内涵在一定程度上是相通的。

总起来讲,虽然国内学者对转喻的概念本质及运作机制的研究角度不同,但对转喻的基本认知特点却达成了某些共识:其一,思维方式和认知工具。转喻是人们认识世界的一种认知工具,构成人们的一种思维方式。其二,概念化。转喻是一种认知过程,在这一过程中人们通过与其他事物的邻近性来对某事物进行概念化。其三,理想化认知模式(或称作认知域、概念框架)。转喻是发生在同一个理想化认知模式整体与部分以及部分与部分之间的认知操作①。其四,偶然性。转喻对语境有很强的依赖性,往往根据话语发生时的语境临时生成,没有概念上的必然性。因此,对转喻的定义和本质的认识还有待进一步深入。目前学者们对转喻的定义还未达成统一,在一些关系转喻本质的概念上如理想化认知模式、认知域的理解上还存在差别。另外,邻近性是转喻产生的基础,也是一个标志性特征,然而国内学者对此却关注不够。邻近性

---

① 这种认知操作有很多版本:概念映射、凸显、心理通道等。陆俭明在谈及这种认知操作时指出,转喻操作宜被假设为一个一个认知域激活另一个认知域,而不宜是一个认知域映射另一个认知域。(陆俭明:《隐喻、转喻散议》,《外国语》2009 年第 1 期)

作为转喻的核心概念,需增加条件限制。最后,需要指出的是,基于研究内容和学术背景来看,有关认知转喻的研究主要属于狭义认知语言学①,同时也兼顾一般意义上的认知语言学。由于本课题中的转喻主要作为一种语料,对它的界定(参看第四章第三节)将参照国内外学者对转喻的本质及运作机制的研究。

以上我们回顾了国内外在转喻作为一种修辞格(主要涉及传统修辞学领域)与一种认知工具的研究(涉及认知语言学领域)的研究。前者的研究状况显示,传统上,在界定转喻时,"修辞格""邻近性""替换"是三个必备的关键词;后者的研究则表明,认知语言学界对转喻的定位则较为复杂,这里涉及的关键词很多,但很多都存在意义上的重合;另外涉及的理论模式也较多,很难达成一个统一的模式。但在定位转喻时,"理想化认知模式或认知域"与"概念实体"是两个重要因素。

第四节 批评隐喻分析

如前所述,本课题的主要研究目标在于在修辞批评的理论框架下对转喻进行分析与评价,进而整合出批评转喻分析这种研究范式。这个范式整合的灵感一部分取自 Charteris-Black(2004)提出的批评隐喻分析。当然,批评隐喻分析与批评转喻分析在理论依据、分析方法方面等是有差异的。本小节我们主要对批评隐喻分析进行述评,结合隐喻与转喻之间的关系,从而找到批评隐喻分析与本课题的研究目标之间的关联。

一、隐喻与批评②

隐喻是一个古老而持久的话题。对它的研究铺天盖地,一度占据了国内外语言学研究领域的很大份额。但是对隐喻的分析与评价的研究较其他隐喻方面的研究来说是比较少的。对隐喻的批评会涉及批评性语篇分析的相关理论方法,同时批评性语篇分析涉及的一个核心概念是意识形态,因此,从国内外研究现状来看,这一方面涉及的一个重要议题是隐喻与批评性语篇分析以

---

① 沈家煊指出,狭义认知语言学认为语言能力同人的一般认知能力没有本质的差别。(沈家煊:《转指与转喻》,《当代语言学》1999 年第 1 期)狭义认知语言学不是语言学的一个分支,而是代表语言学界近年来兴起的一个新的学派或思潮。它也不是一种单一的理论,而是代表一种研究范式,其特点是着重阐释语言和一般认知能力之间密不可分的联系。

② 本小节的隐喻与批评中的"批评"与本课题涉及的"批评"在概念内涵上是一致的,主要指系统的分析与评价。

及意识形态之间的关系。

国外,近年来,O'Halloran(2007)、Goatly(2007)与 C. Hart(2008)的研究较有代表性。O'Halloran(2007)将 Lakoff & Johnson(1980)的隐喻理论从语篇层面"移植"到语体层面,并认为批评性语篇分析应当包含对语篇(尤其是硬新闻语篇)中的隐喻的考察,从而分析隐喻暗含的价值观或意识形态。Goatly(2007)则在其专著《洗脑:隐喻及其背后的意识形态研究》(*Washing the Brain. Metaphor and Hidden Ideology*)中,对自己编纂的语料库中的概念隐喻进行了分明别类的批评,研究表明,隐喻可以映射出当代资本主义的意识形态,同时也证明了隐喻概念化的独特性和重要性。C. Hart(2008)则尝试提出了一个隐喻与批评性语篇分析融合的理论框架。通过论证概念隐喻和批评性语篇分析兼容的方法以及融合过程中存在的问题,从理论上证明了概念整合理论比概念隐喻更具与批评性语篇分析融合的可能性。以上三位学者的研究主要集中在隐喻与意识形态之间的关系。他们的研究中都渗透着对隐喻的批评可以揭示语言中暗含的意识形态的观点,只不过他们运用的方法和理论依据存在一定的差异。除此以外,也有一些学者结合具体的语篇类型对隐喻做了分析,并得出了类似的结论(参看 Velasco-Sacristán,Marisol & Fuertes-Olivera,Pedro,2006;Cibulskienè,2010)。

相对来讲,国内的研究主要以理论介绍性的成果为主,但也反映学者们对隐喻与批评的关注。国内有一些学者对概念隐喻与意识形态之间的关系作了一定研究(参看洪艳青、张辉,2002;邓丽君、荣晶,2004;纪玉华、陈燕,2007;李艳芳,2008;2010;孙毅,2010;朱炜,2010)。以上研究中,洪艳青、张辉(2002)主要探讨了认知语言学与意识形态之间的关系,并指出认知语言学研究的范畴化、隐喻和图解参照框架是甄别、分析和描写语言中意识形态的有用的工具和方法,为意识形态的研究提供了一个新的研究视角。但他们的论述不是专门研究隐喻与意识形态的关系,只是在论证认知语言学与意识形态时提及隐喻。李艳芳(2008)在其博士论文《批评性语篇分析修辞视角研究》中专门从修辞视角研究批评性语篇分析时也提及了隐喻与意识形态之间的关系。她指出,认知隐喻理论虽然被应用到 CDA 中并已经被证实可以揭示语篇中的权力关系,然而概念隐喻理论同 CDA 的不相容性未能引起学界足够的重视。因此,必须将隐喻理论同 Burke 的动机修辞学结合起来,才能更有效地对其意识形态作用作出解释。由此可见,对隐喻进行批评分析并揭示其背后的意识形态应该借助多方面的理论支持,单方面是很难操作和实现的。这一点在孙毅(2010)和朱炜(2010)的研究中可见一斑。孙毅(2010)结合批评性语篇分析探讨了隐喻的劝谏性功能,他指出隐喻对部分语义的凸显而对其余语义遮蔽的功能使对具有意识形态特性的语言选择研究有据可依。朱炜(2010:140)试图分析隐喻的社会建构性,即剥开其意识形态的内核,并结合 Burke 的戏剧观和 Habermas 的交往行为理论加以推动阐明。隐喻的意识形态性为语篇的批评性分析提供一个全新的视角。孙的理论支持是批评性语篇分析以及西方修辞学中的劝说理论,朱则借助了 Burke 与 Habermas 的理论。

综上所述,对隐喻的批评性分析是有理可据的。借助一些相关的理论(比如西方修辞学理论、批评性语篇分析理论等)可以揭示隐喻所暗含的意识形态。Charteris-Black(2004)提出的批评隐喻分析理论正好可以明晰地证明了这一点。

二、批评隐喻分析的内涵

批评性语篇分析的分析对象大都为大众语篇,目的在于挖掘话语中隐含的意识形态。其中一个手段就是对话语中隐喻现象进行分析。另外,由于认知语言学着重从感知和感知的基础上形成的概念的角度来研究语言和人的认知结构,因此认知语言学的一些理论成果可以成为研究人类认知的一部分,即意识形态的研究工具,这其中的一个理论便包含隐喻理论。在其专著《批评隐喻分之语料库研究方法》(*Corpus Approach to Critical Metaphor Analysis*)中,Charteris-Black 2004 年提出的一种隐喻的分析方法——批评隐喻分析就是一种对隐喻进行批评分析进而揭示其背后的意识形态的一种理论方法。Charteris-Black 吸纳了批评性语篇分析、语料库语言学、语用学和认知语言学的研究方法分析与评价隐喻。实际上,批评隐喻分析主要是一种以"批评"的视角研究隐喻的方法。虽然 Charteris-Black 未提及修辞批评理论,但本书认为,批评隐喻分析的理论方法蕴含着修辞批评理论的影子,批评隐喻分析可以看作是对隐喻这种语言现象进行的分析与评价。

在其专著中,Charteris-Black 首先谈及了隐喻、意识形态与思维之间的关系,并指出,隐喻的语言选择能体现选择者的一种修辞意图。随后,对隐喻做了详尽的定位,并认为,隐喻应该包含三个维度——语言维度、语用维度与认知维度。这几个维度对批评隐喻分析模式的构建起到了重要作用。做了一定的理论铺垫后,他提出,同批评性语篇分析一样,批评隐喻分析是一种隐喻分析方法,旨在揭示语言使用者的潜在意图(可能是无意识的)(2004:35)[①]。在

---

① 参看原文:Critical metaphor analysis is an approach to metaphor analysis that - as we have seen with critical discourse analysis— aims to reveal the covert (possibly unconscious) intentions of language users.

谈及分析方法时,Charteris-Black 参照了 Fairclough(1989)①的批评性语篇分析"三维分析模式——识别、阐释、解释",他总结出批评隐喻分析过程中隐喻分析的三个步骤:(1)隐喻识别;(2)隐喻阐释;(3)隐喻解释。关于隐喻识别,Charteris-Black 的方法分两步:第一步依据隐喻的定义在自己设计的语料库中识别出可能的隐喻,第二步对可能的隐喻做进一步的定性分析,通过抓住关键词区分出隐喻意义与字面意义;关于隐喻阐释,主要找到隐喻与决定隐喻成立的语用因素之间的潜在关联;关于隐喻解释,主要涉及依据社会语境挖掘隐喻产生过程中的劝说的社会角色。实际上,批评隐喻分析的三个步骤与隐喻的三个维度存在吻合的情况。作者认为,语言维度与隐喻识别匹配,语用维度与隐喻阐释匹配,而认知维度与隐喻解释匹配。但这三个步骤未必合理,本课题在对转喻的修辞批评步骤进行界定时将对此做一定的改进,以使分析步骤趋于合理。

实际上,批评隐喻分析能较全面地揭示隐喻与意识形态之间的关系。依据批评隐喻分析理论,隐喻具有可以激发受众的感情与影响受众判断的语篇功能,情感反应能促使人们对文本做出某种解释。隐喻反映了语篇构建者在特定的语境中为实现一定的劝说目的而做出的语言选择。一定意义上,隐喻的劝说功能是其意识形态意义产生的基础。Kress(1989:72-73)把隐喻看作是一种体现意识形态的语言工具并指出隐喻承载着价值观和意义,这与批评性语篇分析关于语篇传递着意识形态的论点一致。另一方面,意识形态与身体经验一样对隐喻意义的产生与拓展具有重要意义。Fairclough(1989:119)也认为,隐喻代表不同的经验。不同的隐喻有不同的意识形态表征。Lakoff(2002)指出,概念隐喻对于揭示信念体系背后的意识形态有着重要的价值。由此可见,批评隐喻分析与意识形态分析有着重要的关系。

总起来讲,隐喻分析往往是对讲话者内在主体性的研究,这通常就是一种潜在的评价体系,表达了讲话者或作者对特定主体或命题的态度、立场、观点或/和情感等(Hunton & Thompson,2000:5)。这种态度、立场、观点等可以理解为一种修辞动机。因此,批评性地研究语篇中的隐喻能够在一定程度上透析语篇所体现的意识形态意义和语篇构建者的修辞动机。上升到宏观层面,作为一种揭示语言所隐含的意识形态、态度和信念的方法,批评隐喻分析是深入研究语言、思维和社会背景之间关系的一种有效手段(Charteris-

---

① Cameron & Law 提出的隐喻分析的方法(Cameron Lynne and Graham Low, *Researching and Applying Metaphor*, Cambridge:CUP, 1999:88)与 Fairclough(Fairclough Norman, *Language and Power*, London /New York:Longman, 1989)的方法非常接近。

Black,2004:42)。

对批评隐喻分析的内涵的解析,有助于开拓本课题的研究思路。作者拟从简析隐喻与转喻之间的关系中找到本课题研究目标的突破点。

三、隐喻与转喻之间的关系

隐喻与转喻之间历来有着千丝万缕的关系。传统修辞学中,这两个修辞格是一直"捆绑"在一起的。亚里士多德将转喻看作隐喻一个分支的观点一直延续到 20 世纪中叶。从古典修辞学家亚里士多德、昆提利安到中世纪修辞学家拉米斯再到新修辞学家 Burke,隐喻与转喻一直是共生共存的。然而与此形成鲜明对比的是国内语言学界一直把隐喻与转喻区分开来,因为转喻在汉语言学界和修辞学界一般被称作借代。

关于隐喻和转喻,国外讨论得比较多的是二者的关系和区分。Jakobson (1956)提出,二者的区别在于转喻基于邻近,隐喻基于相似,这是最初区分隐喻与转喻的一个基本观点。随着认知语言学的兴起,学界对隐喻与转喻之间的关系展开了深刻的研究,有的研究涉及两者之间的区分(参看 Lakoff & Turner, 1989; Goossens, 1990; Dirven, 1993; Croft, 1993; Taylor, 1995; Kövecses & Radden,1998;Blank,1999),有的研究涉及两者之间的互动关系(参看 Barcelona, 2000; Warren, 2002; Dirven & Poring, 2002; Barnden, 2010)。可见,上世纪末的研究主要是区分隐喻与转喻,而本世纪初的研究则倾向于两者之间的互动。后者的研究中尤以 Barcelona(2000)的研究有代表性。Barcelona(2000)的论文集《隐喻与转喻的交叉研究:认知视角》(*Metaphor and Metonymy at the Cross road: A Cognitive Perspective*)展示了认知语言学界对这一领域的系统研究。该集共收录了十五篇分量较重的论文,渗透在其中的核心观点是挖掘隐喻与转喻相通的领域,找到隐喻与转喻之间的互动关系。该集涉及的话题很多,比如隐喻映射的转喻基础、隐喻与转喻在语言结构与语篇中的角色。总起来看,学者们的观点是存在分歧的。有学者认为,转喻是隐喻的基础(Barcelona,2000,Niemeier,2000;Deignan,2005);而也有一些学者认为隐喻与转喻是一个连续体或隐喻与转喻是一种互动关系(Goossens, 1990; 1995; Dirven, 1993; Taylor, 1995; Grady, 1997; Radden, 2000;Ruiz de Mendoza,2000; Allan, 2008;Barnden,2010)。其中 Allan (2008)与 Barnden(2010)是近几年来这一领域的代表性成果。Allan 的专著《隐喻与转喻之历史研究方法》(*Metaphor and Metonymy: A Diachronic Approach*)从历时的视角出发,结合相关语料库中丰富的语言实例论证了隐喻与转喻之间的连续体关系以及两者之间的互为理据的域映射。Barden (2010)发表在国际知名认知语言学杂志《认知语言学》(*Cognitive*

Linguistics)上的文章《构建隐喻与转喻的顺畅关系》("Metaphor and Metonymy: Making Their Connections More Slippery")从邻近性和相近关系、域映射等侧面论证了隐喻与转喻之间的互动联系。该文刊登在此杂志的第1页至34页,足见其分量之重。

国内研究[①]中,以刘正光(2002)、束定芳(2004)以及陆俭明(2009)的研究最具代表性。刘正光(2002)认为,隐喻与转喻之间是一种连续体关系,他从经验基础、语用含义、范畴结构与文化模式等四个方面考察了隐喻—转喻连续体的建立,较有创新意义。束定芳(2004)则从结构、功能和运作机制几个方面对隐喻和转喻进行分析,认为在这些层面上两者都有一些相似之处,但也有根本的差别。陆俭明(2009)提出了"隐喻与转喻涉及认知域的激活"的观点,进而也认为隐喻与转喻是一种连续体。虽然国内的研究主要是对西方认知语言学家在这一方面研究的继承与发展,但他们大都承认隐喻与转喻之间在很多层面存在相似之处,因而可构建一种连续体的关系。

从国内外的研究现状来说,不论是"转喻是隐喻的基础""转喻与隐喻是一个连续体"的观点,还是"转喻与隐喻有着相似也有区别"的观点,都说明隐喻与转喻之间存在一衣带水的紧密关系。我们可以从很多侧面(如邻近性与相似关系、认知域内与域间、映射方向等)将它们区分开,也可以基于很多参数(如结构、修辞功能、运作机制等)将它们整合。笔者认为,虽然隐喻与转喻之间固然存在很多的差异,但在一定程度上相通之处应该大于区别,隐喻与转喻之间的关系应该是一种互动关系。另外,从认知语言学视角来看,一般倾向于将隐喻和转喻分为两种不同的认知现象。但转喻应该是一种比隐喻更基本的认知工具和思维方式。Taylor(1995:124)指出,转喻是意义延伸的最基本过程,可能比隐喻更基本。Panther & Radden(1999)也认为,与隐喻相比,转喻更具本源性,即语言本质上是转喻的;其他学者(Koch,1999;Barcelona,2000;Niemeier,2000)也持类似观点。鉴于转喻的特殊地位以及其与隐喻的密切关系,本书将在批评隐喻分析的基础上探讨转喻的修辞批评研究,以整合出批评转喻分析的研究范式。

第五节　小结

本章主要回顾了转喻研究的现状,并介绍了批评隐喻分析的内涵,从而找到了本课题的研究问题,为课题的开展开辟了新的路径。鉴于转喻研究的庞

---

① 鉴于国内汉语言学界及修辞学界对隐喻与转喻这两种修辞格划出了明显的界限,此处作者将主要对国内认知语言学界对这一领域的研究进行述评。

杂以及本书的研究目标之一就是对转喻进行合理的界定,笔者分别对转喻作为一种修辞格和一种认知工具的国内外研究现状进行述评。研究发现,在转喻作为一种修辞格的研究中,国内外学者在界定转喻时,"修辞格""邻近性"与"替换"是三个必备的关键词;而在转喻作为一种认知工具的研究中,国内外认知语言学界对转喻的定位则较为复杂,版本较多,涉及的关键词也多,但很多都存在意义上的重合;另外涉及的理论模式也较多(概念映射理论、参照点理论、认知域理论、心理通道理论),很难达成一个统一的模式。目前学者们对转喻的定义还未达成统一,在一些牵涉转喻本质的概念上如理想化认知模式、认知域的理解上还存在差别。尽管如此,在定位转喻时,"理想化认知模式或认知域"与"概念实体"是两个重要因素。因此,要对转喻进行修辞批评研究,必须要参照这些要素或参数对转喻做出合理的界定。同时,本章还介绍了Charteris-Black(2004)提出的批评隐喻分析理论。批评隐喻分析是对隐喻进行的分析与评价的方法,旨在揭示隐喻背后的意识形态。作者认为,批评隐喻分析可影射出修辞批评理论。结合隐喻与转喻之间的密切关系,本课题将基于修辞批评理论对转喻进行分析与评价,进而构建批评转喻分析的研究范式。

第三章　修辞批评:内涵与外延

第一节　引言

　　修辞批评是 20 世纪后半期开始盛行的一种批评范式,是一个较为系统地阐释修辞行为的过程。修辞批评由来已久,至少可以追溯至柏拉图的《费德鲁斯篇》(姚喜明,2009:230),当然亚里士多德、西塞罗、昆提利安等古典修辞学家也都曾对一些修辞语篇作过评论[①],在某种程度上可以视作修辞批评的早期雏形。1925 年,美国修辞学家 Herbert A. Wichelns 发表了《演讲的文学批评》(*The Literary Criticism of Oratory*),一般认为,这是西方修辞批评真正开始的标志。Wichelns 把"修辞批评"界定为"对演说者将自己的思想传达给听众的方法所作的分析和评价"[②]。修辞批评产生至今已经接近一个世纪了,国外对修辞批评的研究已经逐步形成规模,出现了很多较有影响力的专著。但修辞批评[③]在国内的影响是近十年内逐步发展的,国内修辞批评的发展还处于相对滞后的阶段,这也是本书选择修辞批评作为理论支持的缘由之一。修辞批评的定义五花八门,版本较多,很难明确指出哪一版本不科学,这涉及研究者的出发角度及历史原因等问题。要对修辞批评进行界定必须考虑很多相关因素。修辞本身就是一个可大可小的范畴,批评也是一个含义较广的术语;另外,当今修辞批评模式有多种,包括新亚里士多德主义修辞批评、戏剧主

---

　　① 参看温科学:《20 世纪西方修辞学理论研究》,中国社会科学出版社 2006 年版,第106-107 页。

　　② 原文:the analysis and appreciation of the orator's method of imparting his ideas to his hearers.出自 Benson Thomas. W., ed. *Landmark Essays on Rhetorical Criticism*, California: Hermagoras Press, 1993: 26.

　　③ 毛宣国曾指出,修辞批评,它不是船泊货,不仅是西方由传统走向现代的一种重要批评形式,在中国古代也有着悠久的历史和传统。(毛宣国:《修辞批评的价值和意义》,《湖南师范大学社会科学学报》2008 年第 4 期,第 106 页)当然,毛先生所涉及的修辞批评主要指文学批评的一种方式,与本书涉及的西方修辞批评略有差异。

义修辞批评、社会学修辞批评与后现代主义修辞批评等，到底哪一种修辞批评模式适合本课题的研究？这些都是值得思考和解决的问题。因此，对术语的界定将是本章的重要内容之一。本书将根据研究需要对修辞批评的内涵与外延①进行合理的定位，从而构建适合本书的理论支持框架，以对转喻进行分析与评价。

第二节　修辞批评的内涵

修辞批评在国外的研究已经蔚然成风。总体来看，修辞批评的研究主要集中在美国。据考证，在美国有专门的修辞批评年会，迄今已经举办四十多届，可见修辞批评在美国修辞学界的重要地位。从出版和发表的论文来看，对修辞批评的研究主要集中在理论建设、模式构建以及应用等方面。很多研究者都对修辞批评进行了界定。本课题将精选国内外一些代表性的论著和论文中的定义进行分析，以构建出本课题的理论支持框架。

就国外已经出版的论著或教科书来看，本书以教科书为主。基于论著的影响力、选材的多样性以及包含修辞批评的定义②，本书将选取以下 5 本（其中包含 1 本专著、2 本论文集和 2 本教科书）作品作为参考：Hendrix & Polisky(1968)的《修辞批评：方法与模式》(*Rhetorical Criticism：Methods and Models*)，Campell（1972）的《当代修辞学批评》(*Critique of Contemporary Rhetoric*)，Foss(2004)的《修辞批评：探索与实践》(*Rhetorical Criticism：Exploration and Practic*e)，Kuypers(2005)的《修辞批评的艺术》(*The Art of Rhetorical Criticism*)，以及 Hart & Daughton(2005)的《现代修辞批评》(*Modern Rhetorical Criticism*)。其中，Foss 的《修辞批评：探索与实践》(1989、1996、2004、2008)已再版三次。③国内方面，依据相同标准，本书将

---

① 逻辑学对内涵与外延有着明确界定。内涵是事物本质属性之和，外延一般指事物外部的延伸。前者表示内容和本质，后者表示外观和形式。涉及修辞批评，其内涵主要包括修辞批评的概念、分类、对象以及功能；其外延则可界定为修辞批评的外在形式——分析步骤。

② 有些论著很有影响力但未提及修辞批评的定义比如 Pierce Dann. L. *Rhetorical Criticism and Theory in Practice*，New York：Mcgraw-Hill，2003，再如，Burgchardt Carl R.，ed.，*Readings in Rhetorical Criticism*，State College，Penn：Strata Publishing，Inc.，2005。他没有提出一个完整的修辞批评定义，但是这本论文非常有影响力和生命力，至今已再版 4 次(1995、2000、2005、2010)。

③ 部分内容参看袁影的博士论文《修辞批评新模式构建研究》，第 11 页。有些作品在过去的几年里又更新了自己的版本。

选取其中较有影响力和代表性的专著或论文以从中挖掘修辞批评的定义及内涵,这其中包括常昌富、顾宝桐(1998)编译的《当代西方修辞学:批评模式与方法》,胡曙中(2002)的《英语修辞学》(*English Rhetoric*)[①],温科学(2006)的《20 世纪西方修辞学理论研究》,丛莱庭、徐鲁亚(2007)的《西方修辞学》,袁影(2008)的博士论文《修辞批评新模式构建研究》以及蓝纯(2010)的《修辞学:理论与实践》。通过对这些文献的研读,本书发现,修辞批评的定义版本之多,着实令人迷茫与困惑,但诸多定义中也存在关键词等重合区域。为了较为清晰地解读这些定义,本书认为,修辞批评可以从两个层面来理解,即广义层面与狭义层面。之所以如此界定,一个重要的原因在于修辞批评的对象——修辞现象或行为[②]中的"修辞"本身即是一个范畴模糊、界限不明的修辞学术语,可以在广义与狭义层面上对其进行区分。除定义之外,本书将对修辞批评的功能、分类做详尽的阐述与定位,以系统地界定修辞批评的内涵。

一、修辞批评的定义

1. 广义的修辞批评

广义与狭义本身是一个相对的概念,撇开广义来看狭义则看不到狭义之"狭",撇开狭义看广义也看不到广义之"广"。因此,必须依据某些标准来定位广义层面与狭义层面的定义[③]。区分广义修辞批评与狭义修辞批评的主要基准在于修辞批评对象涉及的范围大小、范畴模糊与否。本小节将在评述相关修辞批评定义的基础上区分出广义的修辞批评定义[④],为本书的研究奠定坚实的研究基础。

---

① 该书的最后一章即为"修辞批评",主要关于修辞批评的理论阐释和范例演示。

② 此处姑且把修辞现象或行为作为修辞批评的对象,随后的研究会作具体的界定。这主要取自常昌富、顾宝桐的观点:"修辞批评是一个系统地探讨和阐释修辞行为的过程"(常昌富:《导论:当代修辞学批评模式概述》,大卫·宁等:《当代西方修辞学:批评模式与方法》,常昌富、顾宝桐译,中国社会科学出版社 1998 年版,第 1 页)。

③ 罗渊、毛丽在"从"狭义"到"广义":中国修辞学研究转型及其学术意义"一文中,指出中国修辞学研究目前正经历着从狭义修辞学到广义修辞学的转型。所谓"狭义、广义"主要是从修辞观、方法论等方面来区别的。区分广义与狭义的范围主要基于一定的标准(罗渊、毛丽:《从"狭义"到"广义":中国修辞学研究转型及其学术意义》,《福建师范大学学报(哲学社会科学版)》2007 年第 1 期)。

④ 广义的修辞批评定义的区分受启发于《福建师范大学(哲学与社会科学版)》从2003 年第 6 期开设的广义修辞学栏目——《修辞学大视野》。一个"广"字和一个"大"将中国修辞学研究放到了更大的社会文化背景中。

修辞批评,从字面意义上看,就是对"修辞"的批评。修辞批评的对象就是"修辞"。这也是广义与狭义定义区分的关键所在。"修辞"本身是一个含义模糊、界限不太明晰的修辞学范畴。最初的亚里士多德在《修辞学》中将"修辞"这一概念界定在"在每一件事上发现可用的劝说手段的能力"。这是古典修辞学中对修辞的一个传统界定。而到了后现代主义修辞学①(又可称作西方新修辞学),古典修辞学的理论得到了进一步的发展。具体来讲,后现代主义修辞学是一种"指所有打破传统以'演讲术'为主导,以单向'劝服'为理论基点的旧的修辞学研究,强调从双向交流、整体文化建构角度,从哲学、文化学、社会学、人类学等不同学科方向上综合描述和阐述修辞现象的理论学说"(李显杰,2004:97)。由此看来,后现代主义将一切符号化、话语化,实际上是将一切修辞化。这样以来,修辞学研究的对象不再仅仅是狭隘的、传统意义上的言语或演讲。另外,现代修辞学似乎要把所有的话语形式——书面体与口语体,甚至所有用符号进行交流的形式都包括在内(胡曙中,2004:3)。

在后现代主义修辞学或西方新修辞学的背景下,修辞一般被界定为运用话语和象征来达到某种目的的象征行为。这样的界定自然而然将修辞推到了一个广义的范围内②。因此,以后现代主义修辞学或西方新修辞学对修辞的界定为基准的修辞批评定义都可划入广义的修辞批评范畴内。这在 Foss(2004)、Kuypers & King(2005)以及 Hart & Daughton(2005)对修辞批评的界定中可见一斑。

在他们的定义中,涉及修辞批评对象的那部分中重叠出现的关键词或近义词有"交际(包括口头或书面交际)""象征行为""人工制品""修辞现象""社会生活"等。这些词足以划入西方新修辞学的范围。Foss(2004:6)把修辞批评定义为"为理解修辞过程而对象征行为和人工制品③进行系统分析与考察的一种定性研究方法"。此定义中的批评对象很明显属于广义的修辞概念。美国新修辞学家 Burke(1966)出版的著作《作为象征行动的语言》(*Language*

---

① 20 世纪中期以来的新修辞学理论代表了修辞学的当代复兴,它的本质性理论前提与后现代主义有着密切的联系,它与后现代主义理论之间有一种相互借用、相互激发与相互促进的关系。(鞠玉梅:《新修辞学的后现代主义特征》,《天津外国语学院学报》2008年第 4 期,第 16 页)

② 1970 年,全美修辞发展大会取得共识:修辞批评可以运用在任何人类的行为、过程、产品和人工制品上。这样的看法远远超越了以往任何传统的修辞学范围,使得修辞批评的对象越来越广,以致非语言现象也纳入了修辞批评范围之中。(邓志勇、杨玉春:《美国修辞批评:范式与理论》,《天津外国语学院学报》2007 年第 3 期,第 25 页)

③ Kuypers 认为,用于批评目的的修辞实例一般被称作修辞人工制品。(Kuypers Jim A.，ed.，*The Art of Rhetorical Criticism*，Boston：Pearson Education，2005) as Symbolic Action)中明确指出人性的基本特征是象征的使用,而作为象征的语言与修辞不可分开,因此修辞几乎无所不在。由此可见,"象征行为"是新修辞学的一个举足轻重的关键词。由此可验证 Foss 的定义受到了新修辞学的影响。另外,Hart & Daughton(2005:22)也给出类似的定义。他们认为,修辞批评是为识别修辞现象的复杂性而对其进行综合有效的解读与解释的一种行为。他们进一步指出,修辞批评是对社会生活本身的批评(2005:25)。虽然未明确提及"象征行为"等字眼,但此定义中的"修辞现象"与"社会生活"等关键词也暗含着广义的修辞范畴。"修辞现象"本身是一个非常模糊的范畴,可以指一个修辞格,也可以指一个人的某种社会行为,因此,将其归入广义范畴是不为过的。"社会生活"更是一个包罗万象的领域,可从学术角度将其归入象征行为。至此,不难看出,Hart & Daughton(2005)的修辞批评定义也属于广义的修辞批评。但是,我们很难从他们的定义中找到可控制的批评对象。相比而言,Kuypers & King(2005)的修辞批评定义中涉及的批评对象的范围显得没有那么广泛,但也应该看作是一种广义的修辞批评。Kuypers & King(2005:10)把"修辞"界定为"为达到某种目的而运用策略的交际(包括口头与书面交际)"。Kuypers 把"批评"定义为"运用论辩主观方法的一门艺术",但始终未明确给出修辞批评的定义。① 我们姑且认为两者结合起来的定义就是修辞批评的定义,即运用论辩的主观方法研究为实现特定目的而运用策略的交际的一门艺术。"为实现特定目的而运用策略的交际"是一个范围相对较广的范畴,况且此处又加上补充条件——口头与书面交际②,使得这个修辞的定义所覆盖的面更大了,虽然不及"象征行为"那么大。

国内学者中,常昌富、顾宝桐(1998:1)的观点——"修辞批评是一个系统

---

① 虽然 Kuypers & King(2005)没有明确给出"修辞批评"的定义,但他们分别给出了"修辞"与"批评"的定义,同时鉴于这部论文集的影响力,我们仍选取其作为修辞批评定义的重要参考文献(Kuypers Jim A., and Andrew King. *What is Rhetoric*? in Kuypers, Jim. A., ed. *The Art of Rhetorical Criticism*, Boston: Pearson Education, Inc, 2005: 1-12.)。

② 交际(communication)一词,来自拉丁语 commonis 一词,commonis 表示 common 的意思。交际这一概念与"共同"密切相关。只有来自同一文化的人们在很多方面才能实现共享,才能进行有效的交际。可见,交际与文化是密不可分的,交际是文化的一部分。因此,交际覆盖的面比较广。Brockeriede 在界定广义修辞学概念时提及"人际关系"一词,这也表明了"交际"属于广义的修辞学范围。Brockeriede 认为,广义的修辞学概念指的是对一个情况中人际关系和态度是如何受到影响所进行的研究。(胡曙中:《美国新修辞学研究》,上海外语教育出版社 1999 年版,第 151 页)

地探讨和阐释修辞行为的过程"包含了一个广义的修辞批评概念,因为"修辞行为"①如同"修辞现象"一样是可大可小的修辞学范畴,可以包括一般意义上的话语行为,也可包括社会行为等。袁影(2008)在其博士论文的第三章"修辞批评"中,分别界定了"修辞"和"批评"的定义,又考察了 Wichelns(1993)、Hendrix & Polisky(1968)、Campbell(1972)、Foss(2004)以及 Burke 给出的"修辞批评"定义后,最后概括出了这样的定义:"修辞批评是对象征系统借以产生影响的策略运用过程所作的系统分析和评价。"实际上,这个定义的涵盖面广,揭示了修辞批评的概貌,它可以看作是一个广义上的修辞批评定义。覆盖面虽广,但此定义又对象征系统做了限制性条件——借以产生影响的策略运用过程,因此这个定义粗中有细,是到目前为止对修辞批评下的较为合理的定义。唯一的缺憾是,作者没有意识到对修辞批评这样一个范畴模糊的修辞学术语,最好应该有广义与狭义意义上的修辞批评版本,这样才能较为清晰地解读修辞批评。

　　结合以上学者的研究,本书认为,广义的"修辞"应该被定义为"象征行为或象征系统"②。另外,关于"批评"的定义,本书将在第四章的第三节中对其详尽的定位。当然,修辞批评学者对"批评"也做了多个版本的定位。Brockriede(1974)将"批评"定义为"评价或分析经历的行为"(the act of evaluating or analyzing experience)。Andrews(1983)将"批评"定义为"对人类活动产品进行阐明和评价的系统过程"(the systematic process of illuminating and evaluating products of human activity)。这两个定义都涉及关键词"评价",加之"分析"与"阐明"实际上存在意义重叠可统一为"分析"。另外,依据我们考察的"修辞批评"的多个版本的定义,"系统的"(参看 Foss,2004;常昌富、顾宝桐,1998;袁影,2008)、"综合有效的"(参看 Hart & Daughton,2005)等关键词实际上也存在意义重合的情况,可统一为"系统的"。因此,"批评"可以理解为系统的分析与评价过程③。

　　总起来讲,广义的修辞批评是对象征行为或象征系统所作的系统的分析与评价过程。

---

　　①　谭学纯谈及修辞行为时指出,"Burke 认为,修辞是一些人对另一些人运用语言来形成某种态度或引起某种行动。这实际上已经涉及广义修辞学研究的修辞行为问题"。(谭学纯:《国外修辞学研究散点透视——狭义修辞学和广义修辞学》,《三峡大学学报(人文社会科学版)》2002 年第 4 期)可见修辞行为属于一个广义范畴。

　　②　象征行为或象征系统的范畴有些模糊,具体来讲,可指包括万象的社会生活。

　　③　"过程"一词更能体现修辞批评的动态性。

2. 狭义的修辞批评

要对修辞批评定位,一方面要看广义的修辞批评,另一方面要了解狭义的修辞批评。当然,狭义,只是相对广义来说。这里的狭义主要指将修辞批评的对象限制在一定的范围内,具体来说,比如修辞文本。如果将修辞限定在亚氏的修辞定义上,那么修辞批评的对象将主要局限在传统的演讲形式中。实际上,要定位狭义的修辞批评,需要了解狭义修辞学概念。狭义修辞学[①]是以狭义修辞现象为研究对象的言语学科,而狭义修辞现象正是指狭义修辞活动中的一切言语现象,比如狭义修辞学研究优化言语的活动和优化了的言语作品等(郝荣斋,2000:4)。尽管郝氏定义中还是没有对狭义修辞学做详尽的介绍,不过从这个概念中我们还是可以看出一些端倪。狭义修辞学主要关注言语现象和言语产品(可理解为包括口头和书面语篇),所谓狭义修辞活动主要包括口头和书面言语行为。

纵观国内外学者给修辞批评下的定义,不难发现有些定义属于狭义这个范围。依据修辞批评的对象,修辞范围大体可归为两类:古典修辞学的修辞范围和狭义修辞学的言语现象或言语产品。古典修辞学的修辞范围主要包括Hendrix & Polisky(1968)与Campbell(1972)。Hendrix & Polisky在其论文集的序言中指出,修辞批评是对口头或书面形式的信息性或劝说性语篇所作的分析、解释与评价。这个定义包含的"劝说性语篇"隶属于古典修辞学对修辞的界定范围。当然,这个定义中也阐明了修辞批评对象还包括信息性语篇,只不过由于"或"的使用可以将其一并归入第一类狭义修辞批评。修辞学家Campbell(1972)在给"修辞批评"下定义时指出,修辞批评是对劝说性语言运用所作的描述、分析、解释以及评价。这个定义中修辞批评的对象明显被限定在"劝说性语言运用"。狭义修辞学的言语现象或言语产品理论主要包括胡曙中(2002),温科学(2006)和丛莱庭、徐鲁亚(2007)等,"言语产品或言语现象"是这一类的关键词。胡曙中(2002)在界定修辞批评时援引了Campbell(1972)和Hendrix & Polisky(1968)下的修辞批评定义,通过前面的探讨推知这种定位应归为狭义的修辞批评。温科学(2006:105)认为,修辞批评指对修

---

① 这里的狭义修辞学是在汉语修辞学界的视域下区分的。罗渊、毛丽也曾给"狭义修辞学"下过定义:狭义修辞学指的是建立在语言本位基础上的以修辞格为中心、以技巧为核心的修辞学研究类型,是一种语言学本位观的修辞学研究类型。(罗渊、毛丽:《从"狭义"到"广义":中国修辞学研究转型及其学术意义》,《福建师范大学学报(哲学社会科学版)》2007年第1期,第75页)该定义将狭义修辞学主要界定在修辞格与技巧上,显得过于"狭义"了。此处的狭义修辞学与西方古典修辞学不可归为一类,如果在西方修辞学视域下,狭义修辞学则主要指古典修辞学,广义修辞学则指新修辞。

辞文本与修辞表现做出解释与评价，广义地说，描述演说者或作者、修辞表现或修辞文本和听读者之间关系的任何形式的批评都是修辞批评。虽然在此定义中，温科学先生也提及了一个"广义地说"，但本书认为，这个"广义的修辞批评"仍然属于本书中狭义的修辞批评，因为其涉及的修辞批评对象——修辞文本或修辞表现以及和听读者之间的关系都属于狭义修辞学领域，至多包含古典修辞学的"演讲形式"的修辞范畴。此处的"修辞文本"是一种言语产品或言语现象的"变体"。丛莱庭、徐鲁亚（2007：377）认为，修辞批评①是根据修辞理论标准对言语行为、语言产品（即话语或语篇）进行审视、评价或批评。此定义中则更为清晰地指出了狭义修辞学所涉及的言语现象或言语产品，是一个典型的狭义修辞批评定义。蓝纯（2010：345）将"修辞批评"定义为"运用修辞学理论对修辞篇章②进行分析与鉴赏"，这是一个比较简洁的定义。鉴于Campell & Burkholder（1997）定义的修辞篇章是以劝说为目的、旨在解决问题的、公开的和艺术性的书面语或口头篇章，因此，这仍然是一种狭义的修辞批评。

从以上种种狭义的修辞批评定义看，修辞批评的对象可归纳为劝说性语篇和言语产品（包括口头和书面语篇）。因此，狭义的修辞批评应当是对劝说性语篇和言语产品（包括口头和书面语篇）所作的系统的分析与评价过程。

当然，要进行批评，应该得借助某些修辞理论。这是修辞批评进行的理论基础。虽然这个修辞理论的依据实际上很模糊的，要根据具体情况而定（比如戏剧主义修辞批评依据的修辞理论即是 Burke 的"五位一体理论"），但在下定义时也应该同时附上。因此，狭义修辞批评的定义中应该包括理论依据——相关修辞理论、修辞批评的对象——劝说性语篇和言语产品（包括口头和书面语篇）以及修辞批评的方式——系统的分析与评价。

综上所述，广义的修辞批评是依据相关修辞理论对象征行为（包含社会生活的诸多文化现象）所作的系统的分析与评价过程。狭义的修辞批评是依据相关修辞理论对劝说性语篇和言语产品（包括口头和书面语篇）所作的系统的分析与评价过程。

本课题中的"修辞批评"实际上是一个狭义的概念。它不涉及修辞批评的哪一种具体模式，只是在宏观层面上的一种理论依据。本课题主要基于修辞批评理论的框架对转喻这种语言现象（存在于一些较明显体现劝说性的语篇

---

① 丛莱庭、徐鲁亚进一步指出修辞批评不同于批评修辞（critical rhetoric）。后者指后现代主义修辞理论中质疑修辞或者批评修辞。（丛莱庭、徐鲁亚：《西方修辞学》，上海外语教育出版社 2007 年版，第 377 页）

② 也可称作"修辞文本"。

如政治演讲语篇、体育新闻语篇、广告语篇中,也存在于一些其他类型的语篇如文学语篇等中)进行系统的分析与评价。

二、修辞批评的功能

以上主要对修辞批评的内涵作了详尽的界定,实际上在界定过程中不仅关注了修辞批评的概念,同时也关注了修辞批评的对象(广义与狭义的修辞批评分别有两种批评对象)。修辞批评的内涵还应包括修辞批评的功能,即修辞批评作何用。既然修辞批评从广义与狭义层面都是一种系统的分析与评价过程,那么分析与评价的目的何在?

当代西方修辞批评认为,修辞批评与文学批评的不同之处在于,文学批评专注于评价包含在大量虚构作品中的智慧、美与真理,而修辞批评则用于评价修辞话语的劝说效果,注重于发现和欣赏说写者如何运用它们的观点适应特定的听读者(温科学,2006:106)。实际上,这只是修辞批评的一个功能而已。

既然修辞批评的概念有广义与狭义之分,那么其功能也应有广义与狭义之分。Hart & Daughton(2005:23-28)给出了修辞批评的几大功能:一标示社会发展潮流,二通过对社会现象的实例分析获得一般性认识,三产生元知识,拓宽社会生活研究视野,四直面他人及其文化。这四个功能主要侧重在对社会以及文化的认知,范围之广令人难以控制,这属于典型的广义的修辞批评功能。当然,广义的修辞批评不仅仅如此。Foss(2004:8-9)提出了两个功能:发展修辞理论、提升交往能力。这也属于广义的修辞批评功能,但 Foss 的这两个功能不够全面,只谈及了"修辞理论"与"交往能力"。前者是对修辞批评理论本身而言的,后者则是对象征行为的一个侧面而言的。广义修辞批评中的批评对象——象征行为决定了其批评的功能必定与其有关。结合以上研究,本书认为广义的修辞批评功能在于:一深入了解社会诸多文化现象及其发展趋势①;二以大视野的角度拓宽对社会诸多文化现象的认知进而揭示现象背后的历史文化背景;三提升不同文化背景之间的人际交往能力;四培养一种批评性看待社会生活万象的修辞意识。

狭义的修辞批评功能则是另外一种情况。由于狭义修辞批评主要与劝说性语篇和言语产品有关,因此其批评功能也理应涉及这些方面。胡曙中

---

① 刘亚猛指出,"由于学科本身固有的内向性,修辞学界作为一个整体,对接应当代修辞实践提出的活生生的、严肃甚至严峻的问题和重大挑战,一直缺乏应有的兴趣"。(刘亚猛:《追求象征的力量:关于西方修辞思想的思考》,生活·读书·新知三联书店 2004 年版,第 18 页)实际上,这些当代社会的诸多问题与挑战都应引起修辞批评学界的重视,这也属于广义修辞批评的范围。

(2002:105-106)曾指出,修辞批评有三个目的:(1)准确地描写话语,以便向读者清晰地呈现个体话语的独特品质或话语类型;(2)分析话语的内在因素及话语策略,并描写话语与文化语境的关系以及影响话语的劝说性和信息性力量;(3)以一定明确的标准对话语进行评价,以便清晰地呈现给读者这些评价依据。这三个目的或功能实际上主要针对话语的描写、分析与评价,进而深层次地解读话语所涉及的各种相关因素,属于狭义的功能。当然,第三个目的还考虑了读者因素,但是对此引申不够①。同时,此处对话语的界定不清也会使这些功能不够完善。温科学(2006)与丛莱庭、徐鲁亚(2007)给出了类似的修辞批评功能,这里不再赘述。

　　狭义的修辞批评功能主要包含三个方面:一通过描写劝说性语篇和言语产品的语篇特征揭示其有别于其他语篇类型和言语产品的独特之处;二解释劝说性语篇和言语产品与其产生的社会文化背景之间的关系进而揭示其背后潜藏的修辞动机与意识形态;三增进语篇分析者或读者对劝说性语篇和言语产品的分析与评价意识,提高其观察力和评判力。

　　不管广义的修辞批评功能还是狭义的修辞批评功能,简单来说,修辞批评的功能在于对所批评的对象有一个深层次的解读,进而提高人们较为全面看待批评对象的能力。当然,通过修辞批评,在无形中对所依据的修辞理论是一种发展,这一点是毋庸置疑的。Benson(1993)曾在介绍《修辞批评的经典之作》(*Landmark Essays on Rhetorical Criticism*)时指出,书中所收各篇力作都对修辞理论甚至修辞哲学具有独特的贡献价值。

三、修辞批评的主要模式

　　修辞批评的内涵还包括对其的分类,本小节将主要讨论修辞批评的主要模式。鉴于本书所依据的主要理论仅限于对修辞批评的概念本质,因此这一部分仅仅是对西方修辞批评模式的一个简要的概述。

　　历经接近一个世纪的发展,修辞批评(主要以美国为主)出现了多达几十种的模式,模式之多令人咋舌。结合国内学者温科学(2006)与丛莱庭、徐鲁亚(2007)关于修辞批评模式的研究以及国外本世纪出版的四本影响力较大的修辞批评书籍——Foss(2004)编著的《修辞批评:探索与实践》、Hart & Daughton(2005)合著的《现代修辞批评》、Kuypers(2005)选编的《修辞批评艺

---

① 袁影指出,修辞批评对读者的主要贡献在于引导读者学会从意图和实现方式的有效性这一不同于其它批评的独特视角上去审视所遇到的文化现象,并且有助于培养他们成为精品文化的创造者。(袁影:《修辞批评新模式的构建研究》,博士论文,上海外国语大学,2008年,第28页)

术》以及 Burgchardt(2005)选编的《修辞批评阅读文选》中涉及修辞批评模式的研究，可以总结出四种模式：新亚里士多德主义修辞批评（Neo-Aristotalian）（又称作传统修辞批评、传统理性主义、新古典主义）、社会学修辞批评（sociological perspective）、戏剧主义修辞批评（dramaturgical perspective）与后现代主义修辞批评（postmodern criticism）。

如果按产生的时间段进行划分，可将这些模式大致分为两个阶段①：一传统修辞批评阶段；二新修辞学批评阶段。第一阶段传统修辞批评阶段主要指新亚里士多德主义修辞批评。它产生于 20 世纪 20 年代。Wicheln 在 1925在《演讲的文学批评》中提出了第一个修辞批评的定义，这是新亚里士多德主义批评派的代表作。这一模式主要通过古典修辞学对劝说性演讲划分的 5 个阶段：觅材取材、布局谋篇、文体风格、记忆和演讲技巧对劝说性演讲等修辞话语进行分析，进而考察演讲在受众中的反应。在新修辞学发展起来以前，这种批评模式一直是主流模式，尽管随着新修辞学的产生而衰落过，但在 90 年代又逐渐再获新生。第二阶段——新修辞学批评阶段主要指从 20 世纪 60 世纪新修辞学的产生开始至今。新修辞学②也称为后现代主义或现代修辞学，它以 Richards, Burke, Scott 等人的修辞学理论为代表。新修辞学并不是一个统一的学派理论，而是一个概括性描述，用来区别西方古典修辞学。这一时期最主流的批评模式即是戏剧主义修辞批评。这一批评模式主要基于 Burke 的"五位一体"的戏剧主义，旨在通过对象征行为从行为、场面、执行者、方法和目的等五种戏剧要素的分析，揭示象征行为中的修辞动机，进而研究人们如何运用象征来改变他人的态度。除此之外，社会学修辞批评与后现代主义修辞批评也属于这一时间段。社会学修辞批评盛行于 20 世纪 60 年代，主要研究修辞与社会诸方面之间的关系，包括语体类型批评（generic criticism）（也可称作风格批评、体裁批评）、社会运动批评（social movement criticism）和女权主义批评（feminist criticism）等流派。而后现代主义修辞批评在 20 世纪 80、90 年代盛行，是当代修辞批评的一个新的增长点。它主要运用后现代主义的相关修辞理论对象征系统中的一切文化现象③进行批评，进而揭示隐藏在这些现象背后的意识形态。因此，这种批评模式又称作"意识形态批评"。

---

① 这种分类法受启发于邓志勇、杨玉春：《美国修辞批评：范式与理论》，《天津外国语学院学报》2007 年第 3 期。他们将美国修辞批评的历史大致分为传统范式阶段和多元范式阶段。

② 胡曙中在其专著《美国新修辞学研究》（1999）中对西方新修辞学与古典修辞学的异同有详尽的阐述，2009 年又对《美国新修辞学研究》中的内容作了与时俱进的修改，再次著书《西方新修辞学概论》，其中也涉及这西方新修辞学与古典修辞学的异同。

③ 这反映了后现代主义将"一切符号化、话语化、修辞化"的观点。

实际上在新修辞学批评阶段,还出现了一些其他的批评模式,如隐喻批评、伦理批评。但这些模式的影响力没有以上列举的主流批评模式那么深远。随着理论研究的推进,许多新的修辞批评模式也逐步出现在学术视野中,如袁影(2008)在其博士论文中试图构建一个本位鲜明的修辞批评新模式。本书书名"转喻的修辞批评研究"可以作为一种修辞批评模式——批评转喻分析。

第三节 修辞批评的外延:分析步骤

本书把修辞批评的分析步骤看作修辞批评的外延,透过分析步骤,人们可以更直白地看到修辞批评的分析与评价过程。修辞批评模式如此之多,采用相同的分析步骤是不现实的。每一个批评模式可能都会有各自不同的分析过程。1965 年,Wichelns 指导的博士生 Edwin Black 出版了修辞批评史上具有里程碑意义的专著《修辞批评:方法研究》(*Rhetorical Criticism:A Study in Method*)。Black 分析了当时的新亚里士多德主义修辞批评理论与方法的一些不足之处,并指出可以从历史批评、创造性批评和判断性批评等方面进行批评。这部著作开创了修辞批评分析方法研究的先河,但没有提出操作性很强的分析方法。后来,Campbell(1972),Foss(2004),Kuypers(2005)都曾较为明确地提出过修辞批评的分析步骤。但总体来看,这些分析步骤都存在不同程度的不可操作性。Campbell(1972)提出了三步走,即批评者确定一篇或若干篇话语的特点;对该话语的内部运作机制及其环境的关系进行分析;选择或创建一个批评系统并对其质量与效果进行评估性判断(丛莱庭、徐鲁亚,2007:377)。概括来讲,前两步主要指,一描写所批评的话语的特征,二分析所批评的话语的特征与语境及其他相关因素的内在关联。但第三步对修辞批评效果的评估则是一件不易操作的步骤。Kuypers[①](2005)也提出了"三步走"的修辞批评分析步骤,包括:一对修辞话语产生见解的概念阶段;二运用批评视角进行分析、评价的写作交流阶段;三接受读者反馈的交流后阶段。笔者认为,第一阶段的概念阶段不应作为修辞批评分析的步骤,产生见解属于一个预分析阶段。只有第二步是批评的核心阶段,但 Kuypers 的提法过于简单,整合得过于笼统。第三步则属于读者反馈阶段,与第二阶段中的"评价"有重合之处,因为读者的评价本身是一种反馈。相比来讲,Foss(2004)提出的四个分析步骤更直白。这四步主要包括:一提出一个问题,选择一个文本;二选择一个

---

① 实际上,Kuypers 指出,他赞同大多数批评家关于批评步骤的观点,即采取描写、分析与评价(description,analysis,evaluation)。(Kuypers Jim A., ed., *The Art of Rhetorical Criticism*, Boston:Pearson Education, 2005:26)

分析工具；三对文本进行分析；四撰写评论文章①。这四步中第二步、第三步为核心步骤。既然修辞批评是一种系统的分析与评价的过程，那么分析步骤中，应该主要为分析与评价，至多包含分析的前奏——比如描写，其他步骤（如选择文本、提出问题、撰写文章等）都是批评必备的条件，不应作为修辞批评的步骤。因此，Foss 的版本也存在很多问题。

　　基于以上研究，修辞批评的模式林林总总，若要以一个简洁的分析步骤涵盖所有批评模式是相当困难和复杂的。为了明晰修辞批评的分析过程，本书拟将以往研究进行整合，以得出在宏观层面的分析步骤，尽可能展示修辞批评的核心过程。Campbell & Burkholder(1997：15)曾经较为详尽地阐述了修辞批评的分析步骤，指出修辞批评应采取描写、分析、阐释和评价 4 个步骤。具体来说，描写主要指对修辞行为和修辞语篇进行细致的描写，分析则指对修辞行为和修辞语篇的历史和文化背景进行描写和分析以发现修辞者的目的和动机，阐释是指选择一个批评视角，评价是对修辞行为和修辞语篇尽可能客观地评价。"描写、分析、阐释及评价"这四个步骤较为全面地揭示了修辞批评的过程，是可行的分析步骤，但也存在一些模棱两可的情况，描写与分析不同程度地存在重叠情况。胡曙中(2002)也提出过修辞批评的三个分析阶段——描写分析(descriptive analysis)、历史语境分析(historical-contextual analysis)与阐释分析(interpretative analysis)。这三个阶段与 Campbell & Burkholder (1997)的观点存在一定的相似之处，严格意义上讲，此"三步走"更为简洁。本书将此基础上做进一步的整合。如前所示，"分析"主要指"对修辞行为和修辞语篇的历史和文化背景进行描写和分析"。当然，这个"分析"中存在逻辑关系不明晰的情况。《辞海》(1989 年版，第 720 页)给出了这样的"分析"定义——分析是在思想中(头脑中)把事物分解为各个属性、部分、方面。可见，"分析"中包含了"描写"的成分——描写研究对象的属性与方面等；同时鉴于"分析"一般用于较为宏观的术语②(比如话语分析、语篇分析)中，因此，本书将"描写"与"分析"整合成"描写"。Campbell 提及的"分析"阶段涉及的细节实际上是一种"解释"。"解释"是"分析说明"③。另外，阐释阶段是难以界定的阶段，

---

　　① Pierce 认为修辞批评的步骤包括预分析、分析、后分析。其中在分析阶段，包括提出问题、选择方法，选择对象，进行分析。(Pierce Dann. L. *Rhetorical Criticism and Theory in Practice*，New York：Mcgraw-Hill，2003：34)

　　② 胡曙中提出的描写分析、历史语境分析与阐释分析也印证了这一点。(胡曙中：《英语修辞学》，上海外语教育出版社 2002 年版)"分析"一词是一个较为宏观的词语。

　　③ 《辞海》(辞海编辑委员会：《辞海》，上海辞书出版社 1989 年版，第 5177 页)给出了"解释"的两个定义，本书引用的是第二个，出自《后汉书·陈元传》："解释先圣之积结，洮汰学者之累惑。"

批评视角或模式的选择依据具体场景而定,可以取消。最后,评价阶段是必备的一步,但评价的细节难以操控,应予以调整。这个阶段是一个很难操控的阶段,但也应包含在修辞批评的分析步骤之中,因为"修辞批评"定义中的一个必备术语便是"分析与评价"。评价阶段①主要是依据相关标准对描写阶段与解释阶段的分析结果的一个总结。袁影(2008:23)曾指出,评价是分析的目的也是分析最后得出的结论。因此,评价主要阐明批评的结论。当然,要做出客观评价必须依据某些评价标准。Campbell & Burkholder(1997:110-121)曾提出将效果标准(effects criterion)、真实标准(truth criterion)、道德标准(ethical criterion)、艺术标准(artistic criterion)作为评价的主要基准。蓝纯(2010:374-379)对这四个标准作了详尽的论述。效果标准就是要看修辞语篇在多大程度上实现了自己的目标。事实标准是修辞语篇在多大程度上真实、足量地呈现了外部世界客观存在的状况。道德标准是指要衡量修辞者所秉持和推崇的价值观是否符合人类社会的主流观念,批评者所关注的是对这种价值观与理想的价值观是否吻合。艺术标准是指对修辞语篇的艺术价值和美学价值进行鉴赏。鉴于以上标准主要提及修辞语篇,因而属于狭义修辞批评范围。当然,此标准中也涉及语篇与社会的关系,因此也适用于广义修辞批评范围。这四个标准的使用也要因情况而异。若对广义范畴的批评对象如欧债危机进行评价则可依据前三个标准,谈不上艺术标准;若对狭义范畴的批评对象如隐喻或转喻现象则很难用效果标准、道德标准去衡量,则需要增添语篇性的标准,因为隐喻与转喻的选用要考虑其在语篇中体现的衔接与连贯性。

综上所述,修辞批评应该采取描写、解释与评价三个阶段。描写应该是第一阶段,主要描写批评对象的相关特征(这要根据研究需要描写选择哪方面的特征),为下一步的解释做好准备。解释应该为第二阶段,主要通过探析批评对象的相关特征与其涉及的相关因素(比如历史文化背景、社会背景、语境等)之间的关系进而揭示批评对象背后隐含的动机、价值观与意识形态等。评价主要依据相关标准对描写与解释的结论进行评价,进而揭示修辞批评的终极目标。广义上,这个终极目标指揭示象征行为的构建者实现与受众之间"同一"的意图;狭义上指揭示语篇构建者对受众的劝说进而达成"同一"的意图。

第四节　小结

本章主要构建了一个修辞批评的理论架构,为本书的进一步开展打下坚

---

① 评价阶段不是关注受众对批评的反馈,因为这样的评估反馈是不易操作的,而且反馈效果也因人而异;评价阶段应该转而依据相关标准揭示描写与解释的终极目标。

实的理论基础。修辞批评本身是一个不易掌控的修辞学概念。为了更合理地界定这个术语,笔者从内涵与外延两个层面对其进行解析。修辞批评的内涵主要包括定义、功能与分类,外延则主要指其分析步骤。经过详实论证与解析,广义的修辞批评是对象征行为或象征系统所作的系统的分析与评价过程。狭义的修辞批评则是依据相关修辞理论对劝说性语篇和言语产品(包括口头和书面语篇)所作的系统的分析与评价过程。可见两者的区别主要在于批评对象的不同,这是本书的一个重要的创新点。据此,本书对广义的修辞批评功能与狭义的修辞批评功能都作了详尽的定位。不管广义的修辞批评功能还是狭义的修辞批评功能,简单来说,修辞批评的功能就是对所批评的对象有一个深层次的解读,进而提高人们全面看待批评对象的能力。关于修辞批评的分类,主流的修辞批评模式主要有四种:新亚里士多德主义修辞批评、修辞批评、戏剧主义修辞批评与后现代主义修辞批评。依据时间段,本书又将其分为传统修辞批评与新修辞学批评,也体现了本课题的一个亮点。本章中最大的一个创新点在于对修辞批评分析步骤的重新界定,这为本课题的开展起到了直接而有效的作用。经过考察与论证,修辞批评应该分三个步骤进行,即描写、解释与评价。每一阶段的主要侧重点已在本章中明确标示出来。总之,本章是本书的一个重要组成部分,不仅建构了理论基础,而且为本研究逐步铺开了研究思路。

第四章 修辞批评中的转喻研究

第一节 引言

如前所述,修辞批评是近十年内国内萌芽并逐步发展的一种修辞学研究方向,而转喻则是近十年内国内认知语言学界出现的一个研究热点,将这两个不同领域的研究视点结合在一起将会成为一个全新的尝试,这既是本书的选题思路,也是本书的一个重要的创新之处。第三章已为本书构建了一个较为合理的理论框架。本书所依据的修辞批评不是一般意义上的修辞批评,而是狭义的修辞批评概念,同时修辞批评的分析步骤也是本书的一个重要理论依据。狭义的修辞批评是一种对劝说性语篇和言语产品(口头和书面语篇)进行的系统分析与评价的过程。转喻即是一种语言现象,出现在一些劝说性语篇(比如政治演讲语篇、体育新闻语篇、广告语篇)中,也是一种言语产品,出现在其他一些语篇类型(如文学语篇等)中。因此,转喻可作为修辞批评的批评对象。不过转喻本身是一个非常复杂的语言现象,按照不同的视角可以将其分为多种类型的转喻(程琪龙,2010),要对其进行修辞批评,必须先对其进行合理的限定。在第二章中对转喻研究的回顾中,本书已就转喻作为一种修辞格和认知工具的研究分别作了详细的述评。研究发现,转喻作为修辞格与认知工具共存于当今的语言学界,这主要是由学界看待它的不同出发点与研究者的不同学术背景导致的。本课题的转喻主要作为一种修辞批评的语料,本书将在整合修辞格与认知工具两种视角的基础上对其进行界定。此外,对转喻的修辞批评功能以及步骤也应在修辞批评理论框架内进行界定。这些都是本章着力讨论的重点。

第二节 批评隐喻分析与批评转喻分析

鉴于本课题依据的是狭义修辞批评,因此,转喻就是作为一种言语产品被纳入修辞批评的范围。对转喻的修辞批评研究可以看作一种语篇分析方法。

前面已经提及,对与转喻一衣带水的隐喻所作的批评性分析称作批评隐喻分析(Charteris-Black,2004)。实际上,批评隐喻分析也是一种语篇分析方法,是对语篇分析的一种发展。不过,批评隐喻分析的理论依据主要是批评性语篇分析、语用学以及语料库语言学等相关理论知识,当然,批评性语篇分析是其中最主要的理论依据。表面上看,这些理论依据尤其是批评性语篇分析与本课题中的修辞批评理论没有多少联系。学界通常认为,二者分属不同的学术领域,即社会科学和人文科学;传统的修辞批评家研究的是演讲和人类所独有的政治行动,而语篇分析家则对构成社会生活的所有方面都感兴趣(Tracy,2001:727)。但实际上,以上观点过于绝对化。批评性语篇分析与修辞批评理论是有关联的。修辞批评(主要指狭义修辞批评)与批评性语篇分析都密切关注语境中的文本(或曰语篇),在这一点两者是有共性的。

另外,当我们放眼当前的学术实践,修辞批评与批评性语篇分析是相互渗透的学术现实,尤其是现代修辞批评的意识形态转向使其与批评性语篇分析有着共同的研究方向。在当代修辞批评范式的重大转变过程中,新修辞学的领军人物Burke的修辞思想催生了在认识论上拒绝一切形而上学理论体系的后现代主义,从而引发了修辞批评中的意识形态转向,使得在新的研究范式指导下的修辞批评与批评性语篇分析达成了共识(李艳芳,2009:16)。

同时,批评隐喻分析理论指出,批评性地研究语篇中的隐喻能够在一定程度上透析语篇所体现的意识形态意义和语篇构建者的修辞动机。可见,批评隐喻分析对意识形态的探析与修辞批评的意识形态转向存在着某种吻合。从这种意义上讲,批评隐喻分析与修辞批评之间存在深层的联系。在分析方法上讲,Charteris-Black总结出批评隐喻分析过程中隐喻分析的三个步骤:(1)隐喻识别;(2)隐喻阐释;(3)隐喻解释。关于隐喻识别,Charteris-Black的方法分两步:第一步依据隐喻的定义在自己设计的语料库中识别出可能的隐喻;第二步对可能的隐喻做进一步的定性分析,通过抓住关键词区分出隐喻意义与字面意义;关于隐喻阐释,主要找到隐喻与决定隐喻成立的语用因素之间的潜在关联;关于隐喻解释,主要涉及依据社会语境挖掘隐喻产生过程中的劝说的社会角色。总体来看,这个"三维模式"与修辞批评的"三步走"——描写、解释与评价存在一定程度上的异曲同工之处。依据Charteris-Black的论述,虽然在具体细节上可能存在出入,隐喻识别可理解为隐喻描写。批评隐喻分析中的"阐释"步骤与修辞批评中的"解释"步骤相似,因为隐喻阐释中的"隐喻与其成立的语用因素"与解释中的"社会文化因素"之间存在相通的成分;而批评隐喻分析中的"解释"则与修辞批评中的"评价"有些接近,因为隐喻解释中的"挖掘劝说的社会角色"与评价的目标——"揭示语篇构建者对受众的修辞劝说并达成同一的意图"是吻合的。总之,不论从理论本质还是分析方法上,批评隐喻分析与修辞批评有着密切的联系,甚至也可看作是对隐喻的一种修辞批评研究。

　　基于隐喻与转喻之间存在的藕断丝连的关系,批评隐喻分析理论可以为转喻的修辞批评研究提供一定的参照价值。从国内外的研究现状来说,学者们要么认为"转喻是隐喻的基础""转喻与隐喻是一个连续体",要么认为"转喻与隐喻有着相似也有区别",这都说明隐喻与转喻之间存在一衣带水的紧密关系。虽然隐喻与转喻固然存在很多的差异,但在一定程度上相通应该大于区别,隐喻与转喻之间的关系应该是一种互动关系。另外,从认知语言学视角来看,一般倾向于将隐喻和转喻分为两种不同的认知现象,但转喻应该是一种比隐喻更基本的认知工具和更基本的思维方式。鉴于转喻的特殊地位以及其与隐喻的密切关系,本课题将在批评隐喻分析的基础上探讨转喻的修辞批评研究,以整合出批评转喻分析的研究范式。

第三节　批评转喻分析的概念①

　　既然批评隐喻分析可以看作是对隐喻的一种修辞批评研究,那么对转喻的修辞批评研究也可称作批评转喻分析。如同批评隐喻分析一样,批评转喻分析可以揭示转喻现象背后的意识形态、信念与价值观,是一种理解语言、思维与社会之间复杂关系的工具。本书所界定的"狭义修辞批评"指出,修辞批评是依据相关修辞理论对劝说性语篇和言语产品(包括口头和书面语篇)所作的系统分析与评价过程。既然转喻可以作为批评对象,那么批评转喻分析可初步界定为依据相关修辞理论对语篇中的转喻现象所作的系统分析与评价。李克(2011:79-80)曾对"批评转喻分析"做出这样的定义:批评转喻分析是利用批评性语篇分析的某些方法对转喻的系统分析与评价。这个定义的出发点主要基于批评性语篇分析,与本书给出的定义属于不同的研究视角,两者不存在冲突的情况。要充分理解"批评转喻分析"这个概念,必须要对其中的两个关键词"批评"与"转喻"进行详细的解读。

　　一、批评的定义

　　在对修辞批评进行界定时,本课题已经对"批评"有了初步的界定,主要指"一种系统的分析与评价过程"。在批评转喻分析中,这个定义不足以表达"批评"的内涵,还包括其他层面的意义。批评(criticism)本源自希腊文 krisis,即

---

　　①　此节的部分内容发表在李克:《批评转喻分析模式试探》,《当代修辞学》2011 年第 4 期。

指判断/评价(judgment)(E. Black,2005:29)。"批评"一般至少有两个含义，第一为找出缺点甚至非难，第二为作出判断，多用于对文学艺术等进行的评论。批评转喻分析中的"批评"属于第二种意思。从这两个意思来看，"批评"一词主要用于文学批评。但修辞批评与文学批评是密不可分的。毛宣国(2008:103)曾指出，修辞批评，无论是在中国还是在西方，都被视为文学批评的最重要的一种形式。本小节将从两个方面解析批评转喻分析中的"批评"。

1. 强式批评与弱式批评

"批评"一词多见于"批评性语篇分析"与"修辞批评"。但一般来讲，这两种"批评"是不同的。具体来讲，存在一个程度问题。

法国语篇分析学者 Maingueneau 在批评性语篇分析杂志《批评性语篇研究》(Critical Discourse Studies)上发表了《语篇分析是否为批评性》("Is Discourse Analysis Critical?")一文。此文明确界定了批评性语篇分析中的两种"批评"倾向，推动了批评性语篇分析理论的发展。Maingueneau(2006:229-230)对语篇分析的批评倾向进行了详细的区分，并指出语篇分析的选择话题(如种族主义等)及语篇研究者关于社会变革的主张可以揭示其批评倾向，语篇研究者并无导致社会变革的意图不能揭示其批评倾向。他进一步将批评视角分为"强式"与"弱式"：强式批评指那种试图将文本(及会话)结构与社会实践体系联系在一起的语篇分析，而弱式批评则指那种只对文本(及会话)结构进行描写的语篇分析。简单来说，强式批评与社会实践、社会结构与社会变革有关联，而弱式批评则涉及的范围比较狭窄，只是一种单纯的语篇分析，不与社会变革挂钩。

关于"批评"的强弱程度，国内学者田海龙(2008)在其论文《语言研究的批评视角》中也做了一定研究，提出了"优角""锐角"与"钝角"三种批评视角。"优角"的话语理论在很大程度上揭示了话语在知识形成中的作用，揭示了话语与权力的关系，对具体的话语分析提供理论指导，亦不针对具体的社会问题；"锐角"的CDA强调运用自己在对"原始语篇"分析中创造的"再创语篇"改变社会的不平等现象，其锋芒直指具体社会问题；"钝角"的语篇社会功能研究既注重对具体语篇的分析，又注意把研究的重心放在探索语篇与社会的辩证关系上面(田海龙，2008:343)。从以上三种"视角"来看，只有"锐角"属于批评性语篇分析领域，其他两种视角属于话语理论与语篇社会功能研究。把批评视角放到语篇分析的框架中可以更清晰地揭示批评的倾向性。因此，"锐角"批评属于典型的强式批评，而"优角"与"钝角"批评则可归为弱式批评，因为它们不与社会变革直接挂钩，主要在于描述语篇与社会或权利之间的关系。

鉴于三种视角的复杂性与模糊性①,本课题主要推崇强式与弱式批评的区分。

　　实际上,批评性语篇分析的"批评"就存在这样一个程度问题。由于研究者的出发角度各有不同,"批评"这个概念在批评性语篇分析文献中有多个版本的定义。这些版本又可以分为两个层次。一个层次属于强式批评,另一个则属于弱式批评。持第一个层次观点的代表是 Fairclough(2001)。他指出,批评性语篇分析不仅是分析,也是批评。这有两个含义。第一,批评试图明示语言与其他社会生活成分之间的关系,因为这种关系往往很晦涩。这种明示包括:解释语言与权力和支配等社会关系之间的关系;揭示语言的意识形态功能;解释语言如何构建个体及社会身份。第二,批评具有导致社会变革的使命,具有解放性的"求知欲望"(2001:230)。批评性语篇分析之所以具有批评意识,正是因为语篇研究致力于探索语篇如何反映和折射社会现实以及如何参与和导致社会变革(田海龙,2009:89)。由此可见,这种"批评"是一个直接与社会实践和社会变革相联系的概念。难怪 Charteris-Black(2004:29)曾指出,"批评"常常被用来指一种意在改变现存社会与政治秩序的理论视角与研究方法。这种"批评"的直接目的在于揭示影响社会生活的意识形态②,从而影响人们的观念,逐渐导致社会变革。持第二层次观点的主要代表有 Fairclough(1992)与 Wodak(1999)。这一层次的观点主要集中在将"批评"看作是一种揭示与解释语言现象的选择的内在原因的途径。Fairclough(1992:9)认为,批评暗含着揭示语言背后潜藏的关联与原因。Wodak(1999:186)也指出,"批评"不是指发现社会生活中语言交流过程中的负面东西,不是给社会绘一幅黑白分明的图画。相反,"批评"是对复杂现象的解释。可见,这种批评仅限于解释现象,并不直接与导致社会变革的使命挂钩。因此,相对于强式批评来说,这是一种弱式批评。

　　相比较而言,本书中的批评转喻分析中的"批评"则是一种旨在通过描写转喻的特征,揭示语篇潜藏的意识形态意义与语篇构建者修辞动机的概念,不能直接导致社会变革。因此,结合 Maingueneau(2006)的研究,批评转喻分析中的"批评"是一种弱式批评。

2. 修辞批评中的批评

　　对"批评"的界定,除了批评性语篇分析界之外,修辞批评界也对"批评"做了详尽的界定。一般来讲,修辞批评研究者专门对"批评"界定的不多,大多是

---

①　"优角"与"钝角"两种之间存在界限模糊的问题。

②　依据本课题的研究,此处的意识形态也是一种强式意识形态,主要与社会制度体系等有关。

在给"修辞批评"下定义时提及"批评"。Foss(2004)，Kuypers & King(2005)以及 Hart & Daughton(2005)等所下的修辞批评定义中可明晰地看出"批评"的概念内涵。Foss(2004)将"批评"界定为"系统的分析与考察"，Hart & Daughton(2005)则把"批评"看作"综合有效的解读与解释"，Kuypers 把"批评"定义为"运用论辩主观方法的一门艺术"①。以上几个定义中，Foss(2004)与 Hart & Daughton(2005)给的定义较为接近，"分析""考察""解读"与"解释"四个关键词存在不同程度的重叠，可整合为"系统的分析"。也有些学者专门提出了"批评"的定义。Rosenfield(1968)在其文《批评语篇的解剖》(The Anatomy of Critical Discourse)中将"批评"界定为"论辩语篇的一种特殊形式"，并认为这是对"批评"最明智的看法。该文将判断/评价视为"批评"的关键。Brockriede(1974)在《作为论辩的修辞批评》(Rhetorical Criticism as Argument)一文中将"批评"定义为"评价或分析经历的行为"。Andrews(1983)在《修辞批评的实践》(The Practice of Rhetorical Criticism)一书中则将"批评"界定为"对人类活动产品进行阐明和评价的系统过程"。这三种单独的"批评"定义中，Brockriede(1974)与 Andrews(1983)给的定义较为清晰而且共性较多。虽然在语言表述上有些不同，但其对"批评"的实质的定位是相近的。相比依附修辞批评的"批评"定义，这种独立的"批评"定义多了一个关键词——"评价"。本书认为，评价是批评中不可缺少的一部分。汉语界学者高万云(2007:397)在《中国文学的修辞学批评》一文中也把"评价"作为"批评"的一部分。文中"批评"被界定为"批评就是判断和评价，就是选择特定视角根据特定标准对特定对象作出判断和评价"。因此，结合两种"批评"的意义，本书认为，修辞批评中的"批评"应该为"系统的分析与评价过程"。

3. 批评转喻分析中的批评

批评转喻分析是对转喻的修辞批评研究。在此，转喻主要作为一种言语产品或语言现象，因此，这里的"批评"主要涉及一种语篇分析方法。基于对批评性语篇分析的两种"批评"倾向的考察，本书认为，批评转喻分析的"批评"是一种弱式批评，旨在描写转喻的语言特征，并揭示转喻选择的动因。另外，基于对修辞批评中的"批评"意义，批评转喻分析中的"批评"是一种系统的分析与评价过程。当然，这需要涉及这个过程的步骤(参看本章第六节)。综上所述，批评转喻分析可看作是批评性语篇分析的一种方法，更应看作是修辞批评

---

① 把"批评"看作艺术的还有 Ruthven Kenneth K., Critical Assumptions，Cambridge：Cambridge University Press, 1979。在其论著中，批评被看作是一种劝说他人的艺术。

的一种模式,因为,此处的"批评"既融合了批评性语篇分析的"弱式批评",又掺入了修辞批评的"批评"。

对"批评"的界定部分地明确了批评转喻分析的内涵,但要更深地解读批评转喻分析,则需要对"转喻"进行合理的界定,从而全面地认识批评转喻分析的内涵、功能和分析步骤等方面。

二、转喻的定义

有关转喻的研究贯穿了传统修辞学的各个阶段,也渗透在当代认知语言学研究中。要对"转喻"在批评转喻分析中的角色进行定位,首先需要意识到转喻作为一种修辞格的特殊功用。西方现代修辞批评已意识到修辞格研究所包含的思想史、价值观、思维方式的意义。弗莱说:"我们也许可以把隐喻视为语言修饰手段的基本形式,或主要的修辞手段,而一切其它的修辞格都不过是它的变体"(1997:214)。为什么这样?显然是他意识到隐喻所承载的文化信息与人类思维的普遍联系(毛宣国,2008:107)。不容置疑的是,修辞格的存在绝非仅仅出于单纯的语言形式和文体风格的需要,而是与某种观点或价值观有关。这里的"修辞格"一定包括转喻。不管作为隐喻的变体还是独立存在的修辞格,转喻现象背后都蕴含着一定的价值观或观点,折射出语言、思维与社会之间的关系。

再次,要对转喻进行界定还需考察以往对转喻本质的研究(参看第二章第二、第三节),即转喻作为一种修辞格和认知工具的研究。"转喻"的定义最早出自于匿名作者的《修辞和解释》一书:"转喻是一个修辞格,它从邻近和联系紧密的事物中获得语言形式,通过这一语言形式我们能理解不该被词语命名的事物"(张辉、卢卫中,2010:10)。一般来讲,邻近性是转喻的一个标志性特征。Jakobson(1956)把转喻看成是在横向轴上"语义特征"之间的邻近性。以上这些定义都是在传统修辞学范畴中对转喻的定位。总之,邻近性这个特征是传统修辞学对转喻的定位中反复提及的核心元素。当然也有些修辞学者对转喻的定位中没有提及邻近性,只是简单地表明"相关关系"或"某种关联",但邻近性的确贯穿在转喻作为一种修辞格的研究历程中。

自从20世纪80年代以来,认知语言学界开始逐步关注转喻。相对隐喻来说,转喻常常被看作是隐喻的附属品。20世纪90年代以来,国外陆续出版了一些较有影响力的论文集(Panther & Radden,1999;Barcelona,2000;Dirven & Pöring,2002)和专著(如 Ruiz de Mendoza & Otal Campo,2002)。很多认知语言学家都对转喻进行了定位。有关转喻的本质及运作机制的研究至少有四种理论:一是概念映射理论,认为转喻是同一认知域的两个概念实体之间的映射过程。二是参照点理论,认为转喻是发生在认知上凸显的参照点与目标之间的认知操作过程。三是心理通道理论,认为转喻是一个认知过程,在同一认知域或理想化认知模式内一个概念实体为另一个概念实体提供心理可及。四是认知域理论,认为转喻是建立域和次域的关系上,在这个关系上,主要的认知域为矩阵域。实际上,这些对转喻的定位均是在狭义认知语言学框架下进行的。以上定义中分别涉及了"概念映射""参照点""认知过程""心理通道""心理可及"等术语。这些术语属于认知科学与心理学范畴,范畴界限有些模糊,也不易把握与理解。相比而言,理想化认知模式(它是一个有组织的概念结构知识域,即关于某物或某人的知识之和)的概念则更易把握。王寅(2011:64)也曾指出,理想化认知模式具有自我调节性,更为全面、灵活,也更具有解释力。本书在界定"转喻"时将不采用诸如"概念映射""认知域""心理通道"等范畴模糊的术语,我们将借用"理想化认知模式"的概念。认知语言学界对转喻的本质及运作机制的研究还涉及另一个重要问题,即邻近性。不仅传统修辞学在对转喻的定位中提及邻近性,认知语言学界也把其作为一个重要因素。转喻是基于邻近性的,传统修辞学与认知语言学都承认这一点。但对于什么是邻近性,二者却存在分歧。

另外,关于转喻,部分与整体①之间的替代关系是一种基本的、首要的、传统的转喻关系。徐盛桓(2008:69)在《转喻为什么可能——"转喻与逻辑"研究之二:"内涵外延传承"说对转喻的解释》一文中指出,简单地说,转喻是在表达中借一事物指代另一事物,而这两事物应具有部分—整体②或在同一整体内

---

① 传统来讲,部分与整体之间的关系被看作是提喻的典型关系。蓝纯也曾将提喻与转喻统称为转喻。(蓝纯:《修辞学:理论与实践》,外语教学与研究出版社 2010 年版)本书中的转喻既包括汉语修辞格中提及的"借代"和"借喻",也包括提喻。

② 部分—整体关系是英语中"'part-whole' relation"的译本,也可理解为整体—部分关系。Gerstl & Pribbenow 把"整体—部分"关系分成两大类:(一)基于整体的构成结构进行分割;(二)基于整体的内部特征或者外部标准来进行分割。(Gerstl Peter and Simone Pribbenow, "A Conceptual Theory of Part-whole Relations and Its Applications", *Data & Knowledge Engineering*, No.20, 1996: 305-322)Kuczora & Cosby 对"整体—部分"关系做了更为详尽的分类,将其分为六类:(一)构成成分—物体(component—object);(二)成员—集合(member—collection);(三)分割部分—块状体(portion—mass);(四)材质—物体(stuff—object);(五)特征—活动(feature—activity);(六)地点—地区(place—area)。以上两种分类一般被认为是广义"整体—部分"关系(Kuczora Paul W., ad Steve J. Cosb, "Implementation of Meronymic (part-whole) Inheritance for Semantic Networks", *Knowledge-Based Systems*, Vol. 12, No.4, 1989: 219-227)。王军在谈及语篇中的间接回指时进一步将"整体—部分"关系分为:认知"整体—部分"、语义"整体—部分"与形式"整体——部分"(王军:《如何精确理解"整体—部分"的优势顺序——兼论陆丙甫先生的分析方法》,《外国语》2012 年第 1 期),这个分类考察了认知、语义与形式三个层面,较为合理,但也略显局限,未谈及语用与语篇等层面。本书中的"部分—整体"关系在综合参考以上三种分类的基础上,更为侧重认知层面的"部分—整体"关系,即理想化认知模式内的"部分—整体"关系。

部分—部分的关系。这种部分与整体以及部分与部分之间的关系印证了La-koff(1987)提出的理想化认知模式内整个模式与次模式、次模式之间的关系。程琪龙(2011:2)也指出,最常见的转喻概念构造可以总结为理想化认知模式的整体和局部之间的关系,以及同一模式中各局部之间的关系。当然理想化认知模式不是凭空产生的,而是基于某个概念实体构建的。因此,转喻是发生在相关概念实体的理想化认知模式内部分与整体以及部分与部分之间的互动关系。

当然,结合传统修辞学对转喻的界定,我们拟将传统修辞学与认知语言学对其的定位进行整合,本书中的转喻主要指一种基于邻近性的、相关概念实体的理想化认知模式内部分与整体以及部分与部分之间的互动关系。实际上,这里的"转喻"主要作为一种语篇分析的语料。

界定了转喻,批评转喻分析的内涵就更为明确了,但此处的"转喻"毕竟只是一个简单的定义,作为修辞批评的一种方式,批评转喻分析的对象应该是一种劝说性语篇和言语产品,因此,批评转喻分析的对象应该离不开这一领域。

第四节　批评转喻分析的对象

任何语篇分析只能覆盖一部分语言现象,没有一个放之四海而皆准的语篇分析方法。作为一种语篇分析方法,批评转喻分析也是如此。如批评隐喻分析一样,批评转喻分析只能涵盖与转喻有关的语言现象,而且也不是所有的转喻现象。进行语篇分析时,分析者往往有意选择那些适用于自己所选理论的语料进行分析,这也遭到了一些学者的批评。正如Widdowson对批评性语篇分析的批评那样,"它选择分析的是语篇中那些能够支持其偏爱的解释的那些特征"(1995:169),但是我们必须意识到,语料的选择不带先入之见是不现实的,正如Lyons(1981:43)指出的,"资料的选择通常取决于科学家想要验证的某个假设,无论这个假设是如何获得的"①。这其实是语篇分析中的"强度抽样原则"。据强度抽样原则我们应"寻找那些可以为研究的问题提供非常密集、丰富信息的个案(陈向明,2000:106)。因此,批评转喻分析在选择批评对象时也应采取这种原则。另外,作为修辞批评的一种模式,批评转喻分析的批评对象也应参照修辞批评的批评对象。本课题所取的狭义修辞批评的批评对象为劝说性语篇和言语产品(包括口头和书面语篇),因此,批评转喻分析的批评对象也应在这个范围内。首先是劝说性语篇。袁影(2008:27)也曾提及劝说性语篇如演讲、新闻话语、广告、学术论文等是修辞批评最适宜的批评对象,

---

①　转引自辛斌:《批评性语篇分析:问题与讨论》,《外国语》2004年第5期,第67页。

这种定位是合理的。对劝说性语篇的批评可以揭示语篇中潜藏的意识形态、修辞动机,进而透析其劝说受众的目标。因此,含有转喻现象的劝说性语篇首先是批评转喻分析的批评对象。本书认为,含有转喻的劝说性语篇包括政治演讲语篇①、体育新闻语篇、广告语篇②等。郜积意(1999:97)曾经指出,转喻实质上是一种文化策略,特别在政治生活中,转喻的使用不仅仅是一个技巧的问题,更是一个渗透普通生活中无所不在的幽灵。可见,转喻频繁出现在政治有关的语篇中。涉及体育新闻语篇,李克、李淑康(2010)曾经对体育新闻语篇③中的转喻做了详尽的统计与分析,并指出体育新闻语篇中的转喻关系主要有两种:部分形式代整个形式和事物的一部分代整个事物。实际上,体育新闻语篇中含有丰富的转喻现象,俯拾皆是。此外,涉及广告语篇,张辉、展伟伟(2011)曾经做过研究。他们探讨了多模态转喻在广告中的动态构建过程以及多模态转喻广告中的图文关系,并指出对多模态转喻的研究可进一步揭示转喻的本质和操作机制。由此可见,转喻在广告中的出现多以多模态(包括图文、声音、视频等)的形式,这也是言语产品的一种类型。除了含有转喻的劝说性语篇外,某些含有转喻的言语产品也是批评转喻分析的批评对象。这些言语产品包括文学语篇(主要指一些文学小说④、小说杂谈)等。

综上所述,批评转喻分析的批评对象是有限的,没有涵盖所有的语篇类型,主要包括政治演讲语篇、体育新闻语篇与广告语篇等在内的劝说性语篇,也包括文学语篇为主的其他言语产品。

第五节　批评转喻分析的功能

如前所示,狭义的修辞批评功能在于:一通过描写劝说性语篇和言语产品的语篇特征揭示其有别于其他语篇类型和言语产品的独特之处;二解释劝说性语篇和言语产品与其产生的社会文化背景之间的关系进而揭示其背后潜藏的修辞动机与意识形态;三增进语篇分析者或读者对劝说性语篇和言语产品的批评意识,提高其观察力和评判力。

作为一种批评对象,转喻的修辞批评必将体现与转喻有关的功能。如前

---

① 本书将节选部分美国总统(如 George, W. Bush 与 Barack Obama)所作的演说作为语料。

② 本书中的广告语篇主要是摘自电视节目以及视频广告上的广告,涉及范围包括旅游、消费、文化等领域。

③ 这里的体育新闻语篇主要指体育报道评论类的,取自《体坛周报》《纽约时报(体育版)》和《中国日报(体育版)》的网络版等。

④ 卢卫中、刘玉华:《小说叙事的转喻机制》,《外语教学与研究》2009 年第 1 期。

所示,虽然长期以来,转喻常常被看作是隐喻的附属品,但转喻毕竟是与隐喻有一定区别的修辞格和认知工具,它们的表层结构与深层结构都是有区别的。因此,对转喻的批评性分析首先可以通过描写转喻的"以偏概全"的特征揭示转喻的"凸显性"特征。这里的"以偏概全"的特征接近于新修辞学的一个范畴——Burke 修辞学中的"辞屏"。单纯描写是不充分的,通过深入的描写可以进一步解释转喻选择与背后潜藏的社会文化背景①之间的关系进而揭示语篇构建者的修辞动机和转喻体现的意识形态意义。所谓修辞动机,即是语篇构建者之所以选择这个转喻表达而弃之其他表达的原因,也是作者的一种修辞意图。所谓意识形态意义,即转喻所能折射出的一种价值观或观点(参看第六章第四节)。难怪 Burke 认为,修辞批评的功能之一是做文学批评的前奏,但它是一种必要的支配性的前奏,而这种文学批评研究的是演讲者作品中智慧和文采、思想和美这些永恒的价值观念(Wichelns,1998:75。傅玢玢译)。

　　除此之外,批评转喻分析还应具有两方面的功能。增强语篇分析者或读者对转喻的批评性意识是其中一个基本功能。这个功能可扩展到一种批评性语言意识,即用批评性的眼光看待语言现象,透过语言现象的表层结构揭示其深层结构蕴含的动因。这种意识倡导读者的观点不能为作者的观点所左右,要本着一种批判的态度产生独到的理解。换句话讲,批评性语言意识旨在提高人们对语言运用的鉴赏和批评能力②,帮助人们对自己作为语篇生成者和接受者介入的实践有更多意识,以便更好地应付语言对当今社会生活越来越广泛的介入。另外一个基本功能也是批评转喻分析有别于狭义修辞批评的一个特征,即培养一种转喻能力。既然批评转喻分析包括对转喻的深刻解析,那么通过解析,语篇分析者将对转喻有一种透彻的理解,进而会培养一种转喻能力。李克、李淑康(2008:78)认为转喻能力也应包括:(1)理解转喻的概念本质;(2)感知(包括发现、认识与解释)转喻的能力与速度;(3)从宏观与微观看事物的能力③;(4)在语言实践中运用转喻的能力。尤其是第三个能力——从宏观与微观层面看待万事万物的能力,有助于人们认识语言与社会之间的复杂关系。以上能力中包含了描写与解释转喻的能力,但没有包括评价转喻能力,在第八章第二节中,我们将作详细的阐述。实际上,评价转喻的能力也是

---

　　①　本书认为,在西方修辞学视域中,这种社会文化背景是一种修辞情境。

　　②　这种对语言的鉴赏与批评能力跟本书界定的"转喻能力"(参看第八章第二节)中的"评价转喻选择的能力"接近,因此,本书在介绍批评转喻分析的启示意义时,只谈及了"转喻能力"。

　　③　因为转喻中部分—整体的基本关系,所以我们可以将其上升到从宏观与微观的交互作用看事物的能力。

转喻能力必不可少的一部分。

综上所述,批评转喻分析应该包含四种功能。一通过描写转喻的"凸显性"特征进而揭示其构建的辞屏;二解释转喻选择与其蕴含的社会文化背景之间的关系进而揭示其体现的修辞动机与意识形态意义;三增强语篇分析者或读者对转喻的批评性意识,进而培养其批评性语言意识;四培养语篇分析者或读者的转喻能力。

第六节　批评转喻分析的分析步骤

每一种修辞批评模式都应该有一种适合自己的分析步骤。修辞批评模式形形色色,因而其分析步骤也多种多样。本书已在宏观层面对修辞批评的分析步骤加以界定,主要分为描写、解释与评价。描写是第一阶段,主要描写批评对象的相关特征(这要根据研究需要描写选择哪方面的特征),为下一步的解释做好准备。解释应该为第二阶段,主要通过探析批评对象的相关特征与其涉及的相关因素(比如历史文化背景、社会背景、语境等)之间的关系进而揭示批评对象背后隐含的动机、价值观与意识形态等。评价阶段主要是依据相关标准对描写阶段与解释阶段的分析结果进行评价,并阐明批评的结论,即通过描写与解释阶段的分析而得出的结论,进而揭示修辞批评的终极目标。

作为修辞批评的一种模式,批评转喻分析固然应该按照此宏观层面的分析步骤展开分析。但是鉴于隐喻与转喻之间的密切关系,对批评转喻分析步骤的界定还需考察批评隐喻分析的步骤。Faiclough(1989:26)在其著作《语言与权力》(*Language and Power*)中提出了批评性语篇分析的三个维度——描写、阐释与解释(description, interpretation and explanation)。具体来讲,描写主要与语篇的形式特征有关;阐释主要关于语篇与话语过程的互动关系;解释主要关于话语过程与社会语境的互动关系。上述三个维度对批评性语篇分析的发展有着重要的影响。Charteris-Black 参照了 Fairclough(1989)的"三维分析模式",总结出批评隐喻分析过程中隐喻分析的三个步骤:(1)隐喻识别;(2)隐喻阐释;(3)隐喻解释。其实,Charteris-Black 纯粹把隐喻作为了批评性语篇分析的一个对象,所以稍作修改将隐喻放入这个三维模式中。他将"描写"步骤调整为"识别"步骤。这种切分未必合理,隐喻识别固然重要,但识别仅仅是描写的第一步,除了识别还应对隐喻的其他特征进行尽可能全面的描写,所以第一阶段——隐喻识别显然是不充分的。而隐喻描写为第一阶段将更为合适。另外,隐喻阐释中涉及的语用因素本身是一个非常难以控制的范畴,另外隐喻阐释中应该明确表明隐喻选择的动机,因为阐释涉及的是语篇与话语过程的关系。最后,隐喻解释涉及的是隐喻的修辞劝说的社会角色。

隐喻阐释中的"语用因素""动机"无不与隐喻解释中的"劝说角色"有着相通之处,因此,隐喻阐释与隐喻解释应该加以整合,依照修辞批评的分析步骤,这一步应为隐喻解释步骤;当然由于涉及"隐喻的修辞劝说角色",Charteris-Black提及的"隐喻解释"中也掺杂着"评价"的成分。可见,批评隐喻分析的分析步骤应该予以调整,其三步走的策略是可取的,只是某些具体环节需要深化。

　　综上所述,结合修辞批评与批评隐喻分析的分析步骤,转喻的修辞批评研究,即批评转喻分析的分析步骤应该实行三步走:转喻描写、转喻解释与转喻评价。转喻描写应该包括转喻识别与转喻的辞屏研究——即通过转喻的"凸显性"特征揭示其构建的辞屏;转喻解释指主要在描写的基础上结合转喻与社会文化背景之间的关系透析转喻选择所体现的、语篇构建者的修辞动机和语篇的意识形态意义;转喻评价主要对转喻描写与解释的结论进行评价①,进而透析批评转喻分析的终极目标——揭示语篇构建者意欲达成其与受众的同一的意图。

　　作为修辞批评的一种模式,同时也作为一种语篇分析方法,批评转喻分析的分析步骤所呈现的过程与结果不是一成不变的,也带有一定的主观性。正如辛斌(2004:69)所说,分析者必须明白,自己的分析结果或结论,其有效性是开放的和可变的,而不是绝对的,即这种有效性可能随语境的改变或信息的增加而发生变化。

第七节　西方修辞学与批评转喻分析

　　修辞批评所依靠的理论大多是跨学科性的,修辞批评实践有赖于修辞学和其他相关学科的理论指导(邓志勇、杨玉春,2007:25)。对批评转喻分析来说亦是如此。批评转喻分析旨在运用相关修辞理论对转喻进行系统的分析与评价。那么相关修辞理论主要范围有多大呢? 这是一个需要认真思考的问题。作为修辞批评的一种模式,批评转喻分析应当依据西方修辞学的某些理论。另外,胡曙中(2008:47-48)指出,西方修辞学成了当今许多语言研究领域的基础,这一点几乎已成共识;西方修辞学可看作是当今语篇分析的理论源泉。因此,作为一种语篇分析方法,批评转喻分析也应与西方修辞学有着的紧密的联系。本书中的西方修辞学理论既包括古典修辞学理论也包含西方新修辞学理论。批评转喻分析涉及的古典修辞学理论主要有修辞劝说。"劝说"是古典修辞学的核心范畴。亚里士多德曾经提出劝说的三个手段:理性、逻辑与情感。批评转喻分析不在于借用这三个手段,而在于表述批评转喻分析的目

---

①　评价标准参看第七章第二节。

标就是揭示语篇构建者对受众的劝说意图。西方新修辞学主要以 Burke 等人为代表。新修辞学中的相关理论主要包括辞屏、修辞动机、修辞情境与同一。这四个修辞学范畴中有三个出自 Burke 的修辞学理论。"辞屏"主要指人们所选择的某个语词在反映一部分社会现实的同时也遮蔽了另一部分现实。这个概念与转喻的"以偏概全"特征非常接近,因而,转喻描写时需要结合这个修辞学概念进行描写。"修辞动机"是另一个与批评转喻分析有关的新修辞学概念,与转喻解释阶段有关。Burke 在论及"五位一体"理论时提及任何修辞行为都有一定的动机。简单来说,修辞动机就是作者的一种意图。比如作者在政治新闻报道中选择转喻表达时为什么选择使用"Beijing"而不直接使用"China"或"P. R. C."? 这会涉及作者的一种修辞动机,需要结合修辞情境加以解释。修辞情境也与转喻解释有关,这是 Bitzer 在 1968 年提出的一个修辞学概念。修辞情境的本意是指一个包含紧急事件、受众与限制条件三个因素的修辞学范畴。但这个概念过于局限。本书认为修辞情境的范围大至社会历史文化背景,小至上下文的语境,应根据分析需要加以调整。最后一个新修辞学概念——同一,也是 Burke 修辞学的一部分,是劝说的发展。依据 Burke 理论,同一就是劝说。转喻评价阶段需要揭示转喻描写与转喻解释的目标,即揭示语篇构建者达成其与受众"同一"的意图。总之,批评转喻分析的开展需要依靠西方修辞学理论的支撑,反过来讲,批评转喻分析也可以进一步充实西方修辞学理论。

第八节　小结

本章主要基于修辞批评的理论框架对转喻作了深入的探讨。结合批评隐喻分析,本书认为,转喻的修辞研究可以整合为批评转喻分析。在此基础上,笔者又对批评转喻分析涉及的两个重要概念进行了界定。批评转喻分析可看作是批评性语篇分析的一种方法,更应看作是修辞批评的一种模式,因为,此处的"批评"既融合了批评性语篇分析的"弱式批评",又掺入了修辞批评的"批评"。"批评"主要指一种系统的分析与评价过程。结合传统修辞学对转喻的界定,本书拟将传统修辞学与认知语言学对其的定位进行整合,本课题中的转喻主要指一种基于邻近性的、相关概念实体的理想化认知模式内部分与整体以及部分与部分之间的互动关系。批评转喻分析应该有自己的分析对象、功能与分析步骤。批评转喻分析的批评对象是有限的,不能涵盖所有的语篇类型,主要包括政治演讲语篇、体育新闻语篇与广告语篇等在内的劝说性语篇,也包括文学语篇为主的其他言语产品。批评转喻分析应该包含四种功能:一通过描写转喻的"凸显性"特征揭示其构建的辞屏;二解释转喻选择与其蕴含

的社会文化背景之间的关系进而揭示其体现的修辞动机与意识形态意义；三
增强语篇分析者或读者对转喻的批评性意识，进而培养其批评性语言意识；四
培养语篇分析者或读者的转喻能力。关于分析步骤，本书认为批评转喻分析
主要分为三步：转喻描写、转喻解释与转喻评价。本章最后指出，批评转喻分
析与西方修辞学有着密切的联系，应该依据西方修辞学的相关理论对转喻进
行系统的分析与评价。

第五章 转喻的描写

第一节 引言

批评转喻分析的第一步即是对转喻的描写。作为一个最基本的分析步骤,转喻描写主要是对转喻的"凸显性"特征构建的辞屏进行描写。实际上,"描写"是一个非常笼统的概念,而对转喻的描写却是非常复杂的。为了明确研究目标,本书拟从转喻的识别与辞屏两个侧面对转喻进行描写。当然,对转喻的描写不仅仅是如此,还应该涉及很多方面。为了确保研究的效度与可行性,本书将转喻描写限定在这两个侧面。对转喻的识别是描写的第一步,也是非常基础性的分析步骤。然而转喻的识别却是比较烦琐的,仅仅依靠直觉是不够的,也是不科学的。因此,确定识别的标准至关重要。Gibbs(2007:21)指出,认知语言学主张转喻是由思维提供理据的。从研究的方法论上讲,我们应该使用心理学的方法检验认知语言学关于概念转喻的理论假设,但这种研究非常罕见。因此,对转喻的识别还得依据相关标准并结合内省法和观察法在实践中进行操作。同时,之所以选取"辞屏"作为转喻描写的第二步,原因主要在于转喻的凸显性特征与西方新修辞学中 Burke 修辞学理论的"辞屏"概念紧密相关。况且,批评转喻分析与西方修辞学之间又存在千丝万缕的联系,批评转喻分析需要从西方修辞学中汲取营养以充实自身的理论体系,同时西方修辞学也可以借批评转喻分析扩展自己的理论应用范围。

第二节 转喻的识别

识别转喻是一个既复杂而简单的步骤。说其复杂,原因在于转喻的定位涉及的两个重要概念——邻近性与理想化认知模式——不是相对直观的范畴,同时转喻识别的标准也难以确定的。第一,邻近性本身是一个相对模糊的概念。Dirven(2002)曾经指出,邻近性的确定部分地取决于"旁观者"的观察力。Norrick(1981)也持类似的观点。但并非含有邻近性的事物就可以构成转喻关系。其实,邻近性作为转喻的核心概念也具有很大的偶然性。邻近性涉及的关系林林总总,因此,单单依靠邻近性识别转喻是不充分的。第二,理想化认知模式也是一个主观性较强的范畴,它主要指人们的认知经验、百科知识以及其他相关知识的整合体。当然也有学者认为理想化认知模式可以有其他表述方法。程琪龙(2010:16)曾指出,转喻的认知过程是在一个或多个经验知识的图式框架中展开的。这样的图式可表述为理想化认知模式,更可表述为概念框架(conceptual frame)。可见,这个概念在识别转喻的过程中虽然至关重要但多依靠人们的直觉来判断。虽然存在一定的模糊性与主观性,但邻近性与理性化认知模式在识别转喻的过程中发挥着重要的指引作用。说其简单,是因为转喻最常见的关系是部分与整体之间的关系。识别了部分与整体之间的关系便可确定转喻关系的存在。当然,这只是理论可能,实际操作中还存在很多不确定参数。仅仅根据部分和整体这种表示事物之间关系的模式来推导转喻操作,还不能为转喻的理解提供准确的答案。

国外有些转喻研究者将谓项(尤其是动词)对论元施加的语义限制作为识别转喻的有效指标(Pustejovsk,1991;Hobbs et al.,1993;Fass,1997)。换而言之,判断某一语言表达形式是否为转喻,要看论元是否符合谓项的语义要求,如果不符合,则一般都是转喻关系。但是,论元与谓词之间的语义冲突并不是都能有效地识别转喻。它们之间的关系有时是静态的,没有考虑语境因素。因此,这种识别标准是片面和静态的,只能部分地识别转喻现象。国内学者江晓红(2010)分析了如何从句法、语义以及认知凸显方面识别转喻词语,进而探讨了转喻识别的语境制约。因此,转喻的认知特征是通过千变万化的动态语境因素实现的,语境不但制约转喻的创设,而且也制约转喻的识别和理解。江晓红从语言语境、认知语境与情景语境三个方面阐释了语境因素对转喻识别的重要影响。这个语境因素的提出较好地诠释了转喻识别中的可变因素,可以动态地揭示转喻操作的过程。转喻关系的成立其实很大程度上存在着偶然性,并且随着语境的变化而变化。即使是规约性转喻,最初也仅是一种偶然性关系,只不过随着时间的推移和其使用频率的加强也会成为一种规约。语境因素应该被看作是转喻识别过程中的一个重要参数。

在确定识别转喻的参数之前,可以参照隐喻成立的条件。国外学者Mooij(1976:26)谈及了隐喻成立的条件。大致如下:

　　1. 语篇的主题(A)应该被详尽限定,即语言语境或非语言语境应该标明语句的主题。

　　2. 语篇中的某个词应该有一种基本的字面意义(F)。这个意义应该是一种描述性意义,并取决于与语境或情境相关的语义规约意义。

3. 这个词在相关语句中的使用至少表明它的部分功能是对主题(A)某个侧面的直接描写。

4. 虽然语篇的主题(A)与字面意义(F)仅仅被模糊地限定,但主题(A)的某个侧面(3.中提及的侧面)不应体现字面意义(F)的特征。

5. 不过,这个语句的意义不应被解释为一种错误、不恰当的意义,因为它是理解语篇主题的一个重要因素。换而言之,具有隐喻意义的词不仅可以提供关于主题(A)的信息,而且有助于主题信息的提供。这就要求这些词的解读不能依赖基于邻近性(比如原因与结果、容器与容积、部分与整体等)的意义转换,也不能依赖诸如夸张或意义颠倒等因素。

虽然以上五个条件不尽全面,但将语境作为一个重要因素考虑进去是一种合理的选择。鉴于隐喻与转喻的密切联系,转喻成立的条件可以从隐喻成立的条件中找到结合点,可归纳如下:

1. 涉及转喻的语篇的主题应该被详尽限定,即语言语境或非语言语境应该标明语句的主题。

2. 这个词在此语境中的使用至少保证它的部分功能是对主题某个侧面的描写,进而表征整个主题;同时,这个词也是对整个主题的描写,进而表征主题的某些侧面。

3. 这个词的非字面意义不应被看作是一种错误的意义,它是理解语篇的一个重要因素。这种意义不仅依赖于主题和此词的字面意义,还在于它在语境中与相关事物之间的邻近性。

这三个条件能够表明转喻关系成立涉及的两个重要因素——语境、邻近性,也涉及部分与整体的相对凸显度,固然不尽充分,但能在宏观上可以表征转喻运作的过程。

沈家煊(1999:4-5)曾提出一个转喻的认知模型:

1. 在某个语境中,为了某种目的,需要指称一个"目标"概念B。
2. 概念A指代B,A和B须同在一个"认知框架"内。
3. 在同一"认知框架"内,A和B密切相关,由于A的激活,B(一般只有B)会被附带激活。
4. A附带激活B,A在认知上的"显著度"必定高于B。
5. 转喻的认知模型是A和B在某一"认知框架"内相关联的模型,这种关联可叫做从A到B的函数关系。

此模型对于转喻识别有重要的参考价值,它涉及了语境、认知框架、凸显度、关联等四个方面。此处的"认知框架"意义与理想化认知模式如出一辙,"关联"也可理解为"邻近性","凸显度"也主要指的是整体与部分或部分与部分之间的相对关系。

因此,结合以上条件,转喻的识别是一个相对复杂而动态的过程。本书已经将转喻界定成一种基于邻近性的、相关概念实体的理想化认知模式内部分与整体以及部分与部分之间的互动关系。因此,邻近性、理想化认知模式、部分与整体以及部分与部分之间的互动关系是识别转喻的三个重要参数。邻近性是一个首要参数。传统修辞学与认知语言学都把邻近性作为转喻成立的一个重要条件。转喻的喻体和本体就是两个不同实体之间在概念上具有邻近性的体现。可见,转喻是人们对客观事物具有普遍联系这种认识反映在语言上的结果。既然概念之间的邻近性是判断语言现象是否为转喻的关键,那么,从理论上说,有一种相邻关系就有一种转喻类别,所有具有相邻关系的事物都具有作为转喻的资格(江晓红、何自然,2010:412)。其实,邻近性可以是语境中的邻近(Hopper & Traugott,1993:81),可以是规约性联系,可以是百科全书式的知识,包括现实世界、概念世界和语言世界的知识。可见邻近性是转喻关系中必不可少的成分[①]。当然,转喻所涉及的概念之间的邻近性是有限制的,它遵循着与人们的认知方式有关的规律。Radden & Kövecses(1999)提出了制约规约性转喻喻体选择的一系列认知原则,即人类经验、感知选择以及文化偏好。这会涉及第二个参数——理想化认知模式。理想化认知模式是一个有组织的概念结构知识域(张辉、卢卫中,2010:11),包含人类的认知经验、百科知识以及语境知识。这些知识对于理解转喻具有重要的现实意义。识别转喻时,人们会需要部分地依靠自己的直觉,这种直觉源自自身的各种知识背景,也就是创设的理想化认知模式。第三个参数——部分与整体以及部分与部分之间的互动关系也是识别转喻的一个重要砝码。部分与整体之间的关系一般被看作是最基本的转喻关系。这种关系不仅包括表层的形式关系,更包括概念上的深层关系。这种深层关系的建立主要基于人们的认知经验。比如,西班牙击败荷兰夺得世界杯。此句中,"西班牙男子足球队"与"西班牙"之间的部分与整体关系的建立基于人们对南非世界杯的经验知识。而部分与部分之间的关系则主要指理想化认知模式内的次模式之间的关系,这种关系的构建也基于邻近性或相关性,这也是转喻识别的一个重要参数。

---

① Zhang Weiwei, Dirk Speelman, & Dirk Geeraerts 在谈及首都代政府的转喻关系的识别时指出邻近性与语境是转喻识别的重要因素。(Zhang Wei. W., Dirk Speelman and Dirk Geeraerts. "Variation in the (non)Metonymic Capital Names in Mainland Chinese and Taiwan Chinese", *Metaphor and Social World*, No.1, 2011: 90-112)

除了这三个参数,语境因素是另一个识别转喻的参数。语境包括言内语境、情景语境与认知语境。转喻关系的偶然性表明语境因素影响转喻关系的建立。转喻关系会随着语境的变化而变化。言内语境可以为转喻识别提供必要的上下文知识。如,在句"Gilliland, however, had a parting shot to fire in his *paper* in Astrophysical Journal"(BNC:B7M 1359)一句,经过了三次转喻映射后,我们所获取的目标意义就是"论文的内容"。当然,这在很大程度上依赖于句中"Journal"所提供的言内语境。情景语境可以为转喻识别提供必要的情景信息,比如美国总统的政治演讲创设的情景对识别演讲中的转喻有重要的启示作用(参看第六章第二节)。认知语境是一个融合了言内语境、人类经验以及知识的语境综合体。转喻识别所需的意义推理过程是由认知语境所涉及的多种因素所支配,因为在推理过程中,人们需要依据自己构建的认知语境对转喻操作做出合理的选择。转喻识别应该是一个动态的过程,随着语境的变化而变化。当然,也有一些更大的单位比如句子可以看作是转喻,这需要放到更大的语境中。

综上所述,转喻识别应至少包括四个重要参数:邻近性、理想化认知模式、部分与整体以及部分与部分之间的互动关系、语境。这个四个参数的有效整合,加之内省法与自然观察法的综合运用①,对转喻识别将起到至关重要的作用。转喻识别是批评转喻分析的第一步,也是最基本的一步,它将为转喻的修辞批评研究打下坚实的基础。

第三节　转喻与辞屏

Burke 修辞学理论中一个重要观点即是语言选择(select)、反映(reflect)

---

① Barcelona 指出,概念转喻的生成受到认知原则与交际原则的制约。认知原则指的是人们倾向于选择与自身有关的、具体的、有生命的、易感知的、典型的事物。(喻体)转喻地指代与自身无关的、抽象的、无生命的、不易感知的、非典型的事物(喻标)。交际原则指的是为了满足交际的准确性和"经济原则",人们通常选取清晰的、关联性强的事物指代模糊的、关联性弱的事物(Barcelona, Antonio. "Clarifying and Applying the Notions of Metaphor and Metonymy Within Cognitive Linguistics: An Update", in Dirven R. & Pörings R., eds. Berlin/New York: Mouton de Gruyter, *Metaphor and Metonymy in Comparison and Contrast*, 2002:207-277)因此,认知原则和交际原则也应列为转喻识别的参考因素。另外,转喻识别过程中,我们也应结合转喻的具体分类。总起来看,Kövecses & Radden 对转喻的分类最为系统与全面,他们根据理想化认知模式中转喻喻体和转喻目标之间关系将概念转喻分为两类:一类是整体与其部分之间的转喻;另一类是整体中不同部分之间的转喻。(吴为善:《认知语言学与汉语研究》,复旦大学出版社 2011 年版,第 154 页)因此,转喻识别可参照这些转喻关系的分类。

与偏离(deflect)语言现实。这一观点的重要启示在于,任何一种语言选择本身在反映语言现实的同时也偏离了语言现实,换而言之,语言选择只能部分地反映现实。人们看问题的视角不可能是全面的,总是从某一个出发点认知世界。转喻选择也是如此。任何一个转喻表达的选择都部分地反映现实。这种反映与偏离的矛盾体正是 Burke 修辞学中的一个重要修辞学范畴——辞屏。

一、辞屏(terministic screen)

1. 辞屏的内涵意义

"辞屏"①是 Burke 修辞学理念中的一个重要概念。Burke 从摄影时使用的镜头和滤色镜获得灵感,将人们应用的各种象征系统或词语汇集称为"辞屏"(terministic screen)(刘亚猛,2008:339)。Burke 所提及的"镜头"都不能原原本本地把拍摄的景象呈现给观众,而只是选择性地把观众的注意焦点引向景象的某些特征。镜头在突出这些特征的同时也遮蔽了其他一些特征。"辞屏"像一堵屏障一样既可反映事物的面目,也可遮蔽事物的其他特征。Stob(2008:137)指出,一般来讲,辞屏主要用来解释象征符号在导引人们注意力方面的角色。因此,它只能部分地反映事物的本来面目。除 Burke 之外,一些学者虽然没有明确提及辞屏的概念,但也持有类似的观点。哲学家 M. Black(1962)通过研究也发现修辞有着重要的过滤作用,即强调与遮蔽的双重功能,在这一过程中,人的认识被调整了。修辞学家 Perelman(1982)指出,任何一种类比都凸显了某些关系而同时掩盖了另一些关系。Perelman 提及的"类比"实际上是一种语言选择。M. Black 提及的"修辞"实际上可以看作是辞屏。"凸显"与"强调"两个词具有相同的内涵,都是一种"选择性反映"。"掩盖"与"遮蔽"也都与"偏离"有着相同的意义。因此,选择性反映与偏离是辞屏的两个重要特点。

Burke 的"辞屏"根植于他的戏剧主义语言观。辞屏可以规约话语概念

---

① terministic screen 有多种译法,如"术语规范"(参看马景秀:《术语规范与新闻话语的修辞建构》,《天津外国语学院学报》2007 年第 3 期)、"术语视界"(参看姚喜明、王惠敏:《Bitzer 的修辞情景观研究》,《西安外国语大学学报》2009 年第 6 期)、"规范网"(参看温科学:《20 世纪西方修辞学理论研究》,中国社会科学出版社 2006 年版)、"辞屏"(参看刘亚猛:《西方修辞学史》,《外语教学与研究出版社 2008 年版;鞠玉梅:《通过"辞屏"概念透视伯克的语言哲学观》,《现代外语》2010 年第 1 期)、"术语屏"(参看邓志勇:《修辞理论与修辞哲学:关于修辞学泰斗肯尼思·伯克研究》,学林出版社 2011 年版)、"词语滤镜"(参看袁影:《中西修辞批评:渊源与特征简论》,《福建师范大学学报(哲学社会科学版)》2011 年第 6 期),鉴于此术语属于修辞学范畴,本书选用刘亚猛的"辞屏"的译法。

意义的生成,建构起对现实的选择性阐述,所形成的社会符号性场景为进一步的行为设立了理据及必然性,构成了 Burke 的动机语法所阐述的戏剧五要素。这个术语从某种程度上揭示了语言、思维和现实之间的复杂关系。任何辞屏都是对现实某个方面的反映,在突出某种特征的同时也必然会隐去其他特征。因此,人们称之为"事实"的东西却可能在某种程度上是对事实的"曲解"。简而言之,人们通过语言活动构建的一般都是部分现实而不可能是全部现实。

因此,"辞屏"本质上对现实而言是选择性与偏离性的。"辞屏"的选择性与背离性"从认识论的角度看是人类只能无可奈何地身陷其中的一个困境,从修辞的角度看却是人类进行象征行动的一个使能条件(enabling condition)"(刘亚猛,2008:339)。"辞屏"的选择性体现了一种认知世界的客观态度。由于自身视域的有限性以及世界的复杂性,人类本来就不可能观察到世界的方方面面。我们只能靠选择的词汇选择性地认知世界。从 Burke 的观点出发,人类在世界上的经验是由他们的规范网和词汇形成的,因为语言具有说明、反映与选择现实的能力(温科学,2009:195)。

总而言之,"辞屏"提供了一个独特的观察世界的视角,它彰显了事物的某些特征也遮蔽了其他特征,因而其体现的并非事物原始的"面貌"。特定的辞屏规范人们认知世界的方向,并强调言语行为的动机性、理据性和导向性。因此,Burke 修辞学中的辞屏是一个与人们行为的动机性有关的概念。辞屏可以折射出人们的修辞动机。

2. 辞屏的外延意义

辞屏就是 Burke 发明的众多修辞概念中的一个很有解释力的概念,它不仅可用于解读修辞实践,而且还将其触角延伸到语言哲学领域。辞屏除了具有选择性反映与偏离现实两个重要特点外,还具有其他的外延意义。通过辞屏可以透析语言与现实之间的关系,这也是语言哲学的一个核心课题。鞠玉梅(2009)从四个方面深入探讨了 Burke 的语言哲学观,即人的生存离不开语言、语言具有表态或劝勉功能、语言并非反映原本的现实以及语言的使用具有动机性。辞屏的外延意义主要包括两方面:一辞屏的选择性反映现实可以折射选择者的修辞动机或价值观;二辞屏的偏离性特点可以折射语言与现实之间的错位关系。第一方面,辞屏隐含着选择者的修辞动机。不同的语词创设不同的"屏",从而折射出不同的修辞动机。正如Burke(1935:313)所说:"由于使用符号的人都摆脱不了术语屏,这个术语必将决定人对事物的阐释框架(framework of interpretation)"(转引自邓志勇,2011:113)。Burke 的动机修辞学理论显示人们的行为中大都蕴含着一定的动机,动机会随着相关参数的变化而变化。这里的参数就包括"辞屏"。词语对现实进行选择性和凸显性概念分类,我们无时无刻不生活在词语编制的世界里,它制约着我们的思维方式、情感世界以及社会活动(鞠玉梅,2009:42)。Prelli(1989:16)也指出,使用词语意味着导引听众以某种特有的方式去理解、分析和评价某一现象。因此,语言使用过程都体现着使用者的态度和动机。正如 Burke(1989:79)所说的那样:"一切象征行为都跳跃着态度(dancing of an attitude)。"因此,人们选择此种语言表达而放弃彼种语言表达是有原因的,修辞动机便是其中一个影响因素。第二方面,辞屏体现的语言与现实之间的关系是一种错位关系。语言与现实之间的关系一直是语言哲学反复探讨的一个话题。谈到语言和现实的关系,一个最简单的说法就是语言反映现实(陈嘉映,2003:356)。除了简单的反映关系,语言与现实之间应该有着复杂的关系。有学者指出,语言映射现实世界,投射想象世界,折射可能世界。不管是哪一个世界,语言不可能映射/投射/折射此世界的方方面面,只能是某个视角出发的某一侧面。辞屏在反映现实的同时也偏离着现实,因此,其所体现的语言与现实之间的关系可理解为一种错位关系。当然,这种错位关系也不是完全的错位,而是部分的错位关系。涉及本书中的转喻,笔者认为,转喻这种语言现象与现实之间的关系即是辞屏所体现的错位关系。

二、转喻的凸显性

Ungerer & Schimid(2001)认为,当今认知语言学主要通过三种研究方法表征,即经验(experiential view)、凸显观(prominence view)和注意观(attentional view)。凸显观认为,语言结构信息的选择和安排是由信息的突出程度决定的。比如,汉语中,人们一般以宇宙星体的"日""月"指代时间概念的"天""月",这是因为日起日落与月圆月缺现象在人们生活常识与意识中均具有极高的凸显度。当然,这与人们的经验也是分不开的。人类是通过自身的经验认知世界的。在认知过程中,经验借助于理解和想象而发挥作用。当我们观察某个实体时,通常会把这个实体作为知觉上凸显的图形,把环境作为背景,这就是凸显原则。Ungerer & Schmid(2001)用经典的花瓶与脸部图例①的形式进一步说明了图形/背景关系。图形/背景分离是丹麦心理学家 Rubin 在一个世纪前提出的。图形有形状、结构、连续性等特殊的属性并处于背景前

_____

①　如果以白色为背景,黑色部分很容易被看成一只花瓶;如果以黑色为背景,白色部分就可以看成两个人的脸部侧面图。人们就在图形和背景之间的转换过程中完成对信息的感知、识别和理解。

面。背景没有形状,无结构,具有均质性,处于图形后面。人们在认知这种现象时,如果识别出花瓶,便看不到人脸,反之亦然。具体来讲,凸显包括客观凸显和主观凸显。从认知目标而言,由于自身特征的差异,认知目标的某些部分可能被凸显,有些部分则不被凸显。如在茫茫大海中,行驶的轮船可能是最凸显的事物,这就是客观凸显。如果认知主体不关注轮船,而是把注意力转向水中的鱼群,那么水下的鱼被凸显了出来,这是认知主体的主观选择,体现在言语层面就是主观凸显。总起来讲,语篇构建者按照事物本身的凸显性进行描述的情况是客观凸显,若关注原本非凸显的事物,就是主观凸显。其实,不管是客观凸显还是主观凸显,在很多情况下都取决于认知主体的个人经验与观察事物的角度,因此,这是一个相对复杂的问题,因人、环境、视角变化而异。

换而言之,人们对世界的感知、经验以及观察事务的方式影响着人们对语言的使用。转喻选择就体现了语篇构建者的一种个人感知。转喻本身就是发生在理想化认知模式内部分与整体、部分与部分之间的一种互动关系。部分之所以能转喻地指代整体是因为在此理想化认知模式内语篇构建者将部分的属性特征凸显或此部分在整体中本身就较为凸显;整体之所以能转喻地指代部分是因为在理想化认知模式中整体比部分更为凸显、更易被感知或语篇构建者因某种需要刻意将其凸显;某一部分 A 之所以转喻地指代另一部分 B 是因为 A 比 B 更为凸显或语篇构建者刻意将 A 凸显。因此可见,转喻选择可以体现主观凸显与客观凸显的视角选择。如:

(5-1)President Ma Ying-jeou has pushed hard for closer economic and political relations with Beijing. But his party, the Kuomintang, faces a surprisingly stiff challenge from the opposition Democratic Progressive Party, which is cooler to the idea. (http://www.nytimes.com/2010/11/27/world/asia/27taiwan.html? _r=1&ref=world)

(5-2)在他底眼前,那瘦削的面貌,突起的鼻子,放光的眼睛出现了。

(摘自《灭亡》)

依据邻近性、理想化认知模式、部分与整体以及部分与部分之间的互动关系以及语境四个参数,"Beijing"与"瘦销的面貌,突起的鼻子,放光的眼睛"分别构建了转喻关系。再次,例(5-1)属于转喻选择的客观凸显,即"Beijing"是代表中国政府的一种自然选择。例(5-2)则属于主观凸显。"瘦销的面貌,突起的鼻子,放光的眼睛"是作者根据特定修辞场景做的转喻选择。

其实,转喻选择蕴含的凸显观体现了一种"辞屏"的意念。人们在凸显一个实体或这个实体的某一部分的同时必然会忽视这个实体的其他部分,换而言之,一定意义上转喻的凸显性特征可以理解为转喻的"以偏概全"特征。转喻其实无形中构建了一种"辞屏",它像"荧屏"一样反映着语言现实。

1. 凸显观与辞屏

Burke(1969:512)在谈及修辞格时,指出转喻、隐喻、提喻都会提供一种看待、理解世界的特定视角。可见,转喻选择体现着主体的一种价值观或修辞动机。不同的人在现实中的不同阅历和文化背景,并以不同的转喻思维建构着不同的现实。转喻突出、弱化和隐藏事物的某个方面,体现了转喻的选择性反映现实特征,也透析了主体的某种修辞动机。由于认识的角度、目的不同,主体的转喻思维或表达自然而然随之不同。

转喻是一种选择与偏见,如同一个表面凹凸不平的镜子,从不同的角度接受不规则的光束,却又构成了转喻的系统性。转喻以简化的形式①帮助人们认识和建构世界,是一种歪曲与偏离。转喻的这种"凸显性"特征恰巧与"辞屏"的内涵意义有一定的相通之处。转喻选择凸显了"源域"的某个特征,当然这也意味着"源域"的其他特征被忽视了,这与"辞屏"的选择性与背离性特征是相通的。Burke(1989:115-116)在谈及"辞屏"时说,"当我谈到'辞屏'时,我想起来我曾见过的一些摄影。他们是同一物体的不同照片,其差别在于拍摄它们时,摄影师使用了不同的滤色镜。'呈现事实'的照片可以在特点,甚至在形式上,表现出明显的差异,这取决于摄影师使用了不同的滤色镜对所记录事件进行纪录片式的描述。"这一点也体现在转喻选择上。语篇构建者选择目标实体的某个特征体现了其不同的"辞屏"视角。选择了此种表达法,实际上就是在回避使用彼种表达法,顾此失彼,选择用一种表达法就是对另一种表达法的拒绝,在两者之间的选择反映了说话者的特有修辞动机。

语言是形式的系统,无论单独使用还是一起使用,这些形式都具有某种倾向性或意向性(Weaver,1970:38)。其实,每种语言形式的选择都可以看作是对现实带有倾向性的判断。转喻关系中的部分代整体的转喻关系是一个典型代表。这种转喻关系即指通过某个认知上显著的部分,或者说是人们更容易理解或已充分理解的部分去认识、反映整体,或者以物体的名称去表达某个事物。既然选用凸显的部分,那么不凸显的部分往往被忽略不计,因此,选用凸显的部分会映射出一种特有的意图。如:

（5-3）Meanwhile **Asalamalakim** is going through motions with Maggie's hand. Maggie's hand is as limp as a fish, and probably as

---

① 此处主要指部分代整体的转喻关系,这也是一种基本的转喻关系。

cold，despite the sweat，and she keeps trying to pull it back. It looks like Asalamalakim wants to shake hands but wants to do it fancy. Or maybe he don't know how people shake hands. Anyhow，he soon gives up on Maggie.

"Well，" I say. "Dee."

"No，Mama，" she says. "Not 'Dee'，Wangero Leewanika Kemanjo！"

"What happened to 'Dee'？" I wanted to know.

"She's dead，" **Wangero** said. "I couldn't bear it any longer，being named after the people who oppress me."

（摘自《高级英语》第一册"Everyday use for your grandmamma"）

例(5-3)中，"Asalamalakim"是"Dee"的男友对小说中第一人称的"母亲"初次见面的招呼用语。这个用语在初次见面的语境中创设了其与"Dee"的男友之间的邻近性，属于"Dee"的男友的理想化认知模式的一部分，因而可识别为转喻。作者选用它转喻地指代"Dee"的男友具有特定的意图。"Dee"的男友实际上有很多其他特征如"short""stocky""hair is all over his head a foot long and hanging from his chin like a kinky mule tail"等。这种转喻表达的选择体现了作者在特定的修辞情境中对实体的准确把握。当然，这种选择只能体现"Dee"的男友所讲的语言的特殊性，却也像"屏障"一样遮蔽了他的其他特征。同样的，"Wangero"的语言选择也体现了一种"辞屏"概念。作为"Dee"的一个新名字，这个词体现了作者对"Dee"的人物特征的精确刻画。"Dee"在外读大学后喜欢追求新潮的事物，更换姓名就是一种体现。当然，这种转喻选择也体现了该文作者——"母亲"对她的喜新厌旧性格的反感。当然，这种选择遮蔽了"Dee"的其他品质，如"neat-looking""educated""strong appreciation of the traditional culture"等。从某种意义上讲，"Wangero"的转喻选择映现出"Dee"性格的双面性，这也正是此"辞屏"的意义所在。

可见，转喻的凸显性特征正印证了辞屏的内涵与外延意义。转喻不仅仅是一种修辞格与认知工具，更是一种体现人们价值观或修辞动机的语言手段。

2. 批评与辞屏

"辞屏"的遮蔽性对于人们理解与认知世界设置了一定的障碍。要去除障碍，可以通过批评性的态度深入解读自然语言。批评转喻分析便提供了较好的描写、解释与评价的路径。通过分析语言中的转喻现象，可以消除转喻选择所映现的"辞屏"，进一步透析意识形态意义与作者的修辞动机。正如 Burke

(1966：50)所言，我们必须使用"辞屏"，因为离开了术语，我们无法言说或表述任何事情。术语规范构成 Burke 动机语法的一个主要概念，它强调语言行为的动机性、理据性、导向性，为我们提供了基本的价值规范和价值尺度，使能并制约着社会成员的思维方式、情感世界、社会活动以及社会结构和历史发展（马景秀，2007：32）。因此，辞屏显示的是说话者的动机，不同语言符号的组合构成不同的"荧屏"，引导着受话者的意识形态，发话者的动机也就体现在对语言符号的构筑中。

另外，通过提供一种观察、描述世界的路径，辞屏具有意识形态性质，决定了人们认识世界的方向，其最终目的是给读者提供了一个有倾向性的语篇世界，并以此来理解现实世界。批评转喻分析旨在揭示这种有倾向性的现实。通过批评，去除"辞屏"的意识形态之蔽，才能认知现实世界的真相。

批评转喻分析的"批评"是一种系统的分析与评价。通过有机的分析与评价，可以透过转喻创设的"辞屏"揭示意识形态意义和修辞动机，这正是批评转喻分析第二阶段——转喻解释的目标。语篇中的转喻映射着人们看待世界的态度，不同的转喻选择势必将我们的注意力引向同一对象全然不同的特征。实际上，语篇构建者在选择某个转喻表达时，实际上是凸显了理想化认知模式中某一部分，相应地，其他部分就会被忽视。凸显与忽视的背后代表了语篇构建者的一种意图与动机。如：

(5-4)历时 5 个多月，走过了长城内外、大江南北，欣赏了**北方人**的开朗豪爽，也喜欢上**南方人**的细腻热情，品尝过酸甜苦辣。

（摘自北京大学汉语语言学研究中心 http://ccl.pku.edu.cn：8080/ccl_corpus/index.jsp？dir＝xiandai）

我们在日常交谈中经常听到某人说"北方人如何如何"。其实，这里的"北方人"背后隐含着一个转喻链。要理解说话者的表达意图，我们需要依据此句的言内语境（说话者所谈及的是一个地域的人的总体特点）、情景语境（受话者以及说话场合）和认知语境（说话者的百科知识以及经验）。因此，考虑到语境，"北方人"可以转喻的指代"北方某个省份的人"，也可再指代"北方某个城市的人"，这取决于语篇构建者的个人阅历。"整体代部分"的转喻关系在此连锁转喻中发生了至少两次映射。例(5-4)中的"北方人"与"南方人"①分别与"开朗豪爽""细腻热情"联系起来。实际上,这个转喻选择组构的"辞屏"在凸显"北方人"特征的同时也遮蔽了"北方人"的其他特征如重感情与义气、实在等;在凸显"南方人"特征的同时也遮蔽了"南方人"的其他特征如善于经商、做事谨慎等。通过进一步的分析与评价,我们也意识到,并不是所有的"北方人"和"南方人"都如上所述,这样的转喻选择也遮蔽了其他"北方人"与"南方人"的个体特征,反映了语篇构建者的特殊意图与动机。

总起来讲,语言可以看作是一种社会现象,是人类最重要的交际与思维工具。虽然语言在人类社会中有着举足轻重的角色,但是由于语言的社会性、现实世界的复杂性以及人类对世界认识水平的有限性,语言并不能完全反映现实世界。人类所选用的语言只能反映一部分现实或现实的一个侧面,即只能通过"辞屏"构建的"荧屏"折射一部分语言现实。转喻这种语言现象也是如此。转喻选择是主体从某一特定视角进行的选择,只能凸显事物的部分特征。

第四节 小结

转喻的修辞批评研究即批评转喻分析的第一步是转喻描写。现有的方法无法穷尽对转喻的描写。考虑到研究目标的限制性与研究思路的明晰性,本书从转喻识别与辞屏两个方面对转喻进行了描写。转喻识别是一件复杂而简单的工作。本书主要把对转喻的定位作为转喻识别的理论依据。本书中转喻被定位为一种基于邻近性的、相关概念实体的理想化认知模式内部分与整体以及部分与部分之间的互动关系。因此,邻近性、理想化认知模式、部分与整体以及部分与部分之间的互动关系是转喻识别的三个参数。同时,语境因素是转喻识别必须要考虑的因素。因此,总起来讲,转喻识别应该包括四个重要参数:邻近性、理想化认知模式、部分与整体以及部分与部分之间的互动关系、语境。这个四个参数的有效整合,加之内省法与自然观察法的综合运用,对转喻识别将起到至关重要的作用。此外,Burke 修辞学中的辞屏也是转喻描写的一个重要方面。辞屏的选择性反映和偏离现实的特征可以揭示转喻的凸显

---

① 当然,这种对北方人与南方人的不同定位需要以严实的调查研究为基础。很多人往往把部分地区的人的某些缺点集体放大,简单地等同于该地区的普遍性格。因此,要比较客观地评价北方人与南方人,需要有科学的研究。上海社会科学院国际学者张结海曾经撰写了《上海新移民的文化冲突背景研究》,他对 26 岁至 45 岁之间的上海人和生活在上海的外地人进行了问卷调查。调查结果既有在意料之中的,也有不少出人意料的。说明在某些方面,上海人和外地人并不是我们原先以为的那样。

性特征。转喻的凸显性包括其以偏概全的特征,这个特征表明转喻只能部分地反映现实并且也部分地偏离现实。进行转喻描写时,需要意识到转喻的这个区别性特征,这样才能更好地认识转喻现象。

　　总起来讲,转喻描写的方法不拘一格,可以通过形式描写,也可通过意义描写。鉴于本书主要是针对转喻的修辞批评研究以及批评转喻分析与西方修辞学的紧密联系,除了基本的转喻识别之外,本书借用了西方修辞学中的辞屏概念以充实转喻描写的过程。

第六章 转喻的解释

第一节 引言

　　转喻描写主要包括转喻识别与转喻的辞屏特征描写。转喻描写可以为转喻的解释奠定坚实的基础。只有识别出转喻并描写出转喻的基本特征,分析者才能进一步解释转喻选择的动因。实际上,转喻描写尤其是转喻的凸显性与辞屏的关系揭示了转喻选择蕴含的主体的修辞动机,这一点与转喻解释的具体内涵形成了一种连贯性。依据批评转喻分析的分析步骤,转喻的解释是其中的第二步。转喻解释主要在描写的基础上结合转喻与社会文化背景(可理解为一种修辞情境)之间的关系透析转喻选择所体现的语篇构建者的修辞动机和语篇的意识形态意义。可见,修辞情境、修辞动机与意识形态是转喻解释涉及的三个关键词。“修辞情境”的概念源于 Bitzer,但本书中的修辞情境有特殊的内涵,分为广义与狭义。转喻的解释离不开修辞情境。每个转喻表达的选择都与一定的修辞情境有关,把转喻放到修辞情境中才能较好地体现其真实的选择动机与意图。脱离修辞情境,转喻解释将站不住脚。修辞动机的概念主要源自 Burke 新修辞学。Burke 在“五位一体”理论中提及了人们行为蕴含修辞动机的观点。另一个关键词“意识形态”也是转喻解释过程必须要提及的。意识形态一般与政治制度与社会形态有关,代表一种统治阶级的价值观。本书把意识形态分为强式与弱式意识形态,强式意识形态与社会、政治制度有关;弱式意识形态则主要指人们看待世界的观点、态度与价值观。从某种意义上讲,修辞动机与意识形态的意义有异曲同工之处,这也是本书选取意识形态作为转喻解释的参数的原因之一。本章将从修辞情境、修辞动机与意识形态三个方面阐释转喻的解释过程。

第二节 批评转喻分析与修辞情境

　　Burke 的“五位一体”理论中的第一个视点便是“场景”。此处的“场景”可以理解为修辞情境的一个组成部分。曹京渊、王绍梅（2011:82）甚至指出，Burke 戏剧五要素的目标就是要达成对话语发生及作用的修辞情境的理解。在《动机语法》中，Burke 说，任何对动机的完整陈述都会回答五个问题：何为（行为 act）、何时或何地（场景 scene）、何人（人物 agent）、如何（手段 agency）、为何（目的 purpose）。这五要素在某种意义上就是我们所说的修辞情境的组成部分。可见修辞情境在 Burke 修辞学思想中的重要地位。实际上，场景对修辞批评的开展起着至关重要的作用。这对批评转喻分析亦是如此。要对转喻进行系统的分析与评价，必须要考虑修辞情境因素，当然本书中的修辞情境具有其特定的涵义。

一、修辞情境（rhetorical situation）

一般认为，"修辞情境"是 Bitzer 于 1968 年提出的一个重要的修辞学理论。国内很多学者对 rhetorical situation 主要有两种译法——"修辞情景"与"修辞情境"。常昌富、顾宝桐（1998）在其译著《当代西方修辞学：演讲与话语批评》中翻译了 Bitzer 与 Burke 的同名论文——*Rhetorical Situation*。他们都将 rhetorical situation 译为"修辞情景"①。胡曙中（1999）则将"Rhetorical Situation"译为"修辞情境"。狭义的修辞情境实际上接近于语言研究中的语境，只不过修辞情境存在于修辞话语中，是修辞学领域的一个理论。胡曙中（1999:125）也指出，情境指情景中的语境。因此，"修辞情境"的译法更合理。本节将在探讨 Bitzer，Burke，Vatz 的修辞情境理论基础上解析修辞情境的内涵。

1. Bitzer 的修辞情境理论

当代修辞学最为瞩目的思想之一便是任何话语都必须比照其赖以生发的情境来加以理解和阐释（胡曙中，2002:166）。因此，修辞情境成为许多修辞学者关注的焦点。而对这一概念做出最有力和最有影响力的论证当数 Bitzer。1968 年他在西方最重要的修辞学杂志《哲学与修辞学》（*Philosophy and Rhetoric*）创刊号上发表了《修辞情境》这篇具有里程碑意义的论文，被认为是对这一概念"最早、最为经典、（目前依然是）最权威的理论表述"（刘亚猛，2004:62）。实际上，在 Bitzer 之前，很多修辞学家并没有把修辞情境作为一个重要议题单独进行研究。Bitzer 对修辞情境的论述旨在重申修辞情境在修辞

---

①　姚喜明、王惠敏（姚喜明、王惠敏：《Bitzer 的修辞情景观研究》，《西安外国语大学学报》2009 年第 6 期。）与曹京渊、王绍梅（曹京渊、王绍梅：《美国修辞情景研究及其后现代主义趋势》，《复旦学报（社会科学版）》2011 年第 2 期。）都采用了"修辞情景"的译法。

学中的重要地位。Bitzer 的确做到了这一点,其对修辞情境的界定开拓了修辞学理论的研究范围,并将修辞情境作为了修辞学理论的一个根本内容。

Bitzer(1968:6)指出,修辞情境可被定义为"人物、事件、物体以及关系构成的综合体,展示一个实在的或潜在的情急状态。假如引入情境的语篇能够限制人的决定或行动以至于使情急状态发生改变的话,情急状态可以被彻底地或部分地被消除"。可见,Bitzer 的修辞情境不能理解为一般的情境或语境。它的产生需要一定的特殊条件,即三个重要成分:紧急情况、在决定和行动上受限制的听众、影响演说家并能用来影响听众的限制(胡曙中,1999:131)。这三个成分是修辞情境的重要参数。总起来讲,Bitzer 的修辞情境是一种特殊意义上的情境,是一种强调功能的实用主义修辞观,其出发点是人类与所处的环境在功能上互动这一明显事实,其目的是力求发现在人与环境的互动中修辞这一实用的交际方式的基本状况(Bitzer,1980:22)。

Bitzer 关于修辞情境的观点可以归纳为[①]:修辞话语是由修辞情境产生的;修辞话语因修辞情境而具有修辞意义;修辞情境必须作为修辞话语的必要条件而存在。换而言之,修辞话语的本质取决于其与特定情境的联系,只有在真正的修辞情境中发生才会成为真正的修辞话语。Bitzer(1968:3)认为,无论是修辞话语还是非修辞话语,除非理解了其意义语境,否则几乎所有话语都不可能被全面的解读。姚喜明、王惠敏(2009:30)指出,修辞话语的判断标准是其特殊性(particularity)、偶发性(contingency)和适切性(propriety)。这正体现了 Bitzer 的修辞情境定义中涉及的"紧急情况""限制"等参数。从这种意义上讲,特殊情境的紧急状况或偶发状况只有引起听众的注意并促使听众做出适切反应才能被称为修辞情境,所产生的话语才被称为修辞话语。换而言之,只有让情境所需的话语能应运而生的情境才能被认为是修辞情境。即修辞话语应被看作是修辞情境的必要条件。因此,Bitzer 关于修辞情境与修辞话语的关系的论述存在自相矛盾的地方,这主要取决于其对修辞情境的"狭义"界定。Bitzer 把修辞情境压缩在一个较为狭窄的领域,存在较大的局限性。很多学者对其进行了一定的批评,Vatz 便是其中之一。

2. Vatz 的修辞情境理论

Bitzer 的修辞情境观存在一定的局限性。简单地讲,Bitzer 认为修辞情境决定修辞话语。这种决定论将修辞话语与修辞情境之间的关系绝对化,必将把修辞情境的内涵引入一个误区。Vatz 1973 年撰写的文章《修辞情境的神

---

① 胡曙中对 Bitzer 的修辞情境观曾做过详尽的总结。(胡曙中:《美国新修辞学研究》,上海外语教育出版社 1999 年版,第 133～138 页)

话》(*The Myth of Rhetorical Situation*)，可以说是对 Bitzer 的最严厉的批评。在短短 9 页的文章里，Vatz 用大部分的篇幅在斥责 Bitzer 的修辞情境观，从而简述了自己对修辞情境的理解。Vatz 对 Bitzer 的批评主要在于修辞情境对修辞话语的决定观。与此同时，Vatz 强调修辞者的主观创造性角色，并指出意义不是在情境中发现的，而是修辞者创造的。换而言之，Vatz 认为，修辞情境不能决定修辞话语并支配听众的反应，相反，正是修辞者由于修辞话语的结果而创设了修辞情境。

在 Vatz 看来，Bitzer 完全忽略了修辞者的主观作用和修辞话语的建构力量。而所谓的修辞情境其实不过是修辞话语的建构物：与其说是修辞情境决定修辞话语，还不如说是修辞话语构建了修辞情境。情境因而应该是"修辞的情境"。这与 Bitzer 的"情境的修辞"相反。Vatz(1973:158)还强调，修辞情境对修辞话语的规定也意味着任何的修辞话语都不是修辞者的自主选择，而仅仅只是对客观存在的一种自然反应，修辞者因而无需为修辞话语反应的后果承担任何道义上的责任。相反，如果修辞情境是由修辞话语创造的，是"一种选择，一种阐释，一种翻译"，那就意味着修辞者是修辞情境的主宰，因而需要担负任何可能的言辞后果。这样，修辞者的责任就会成为问题的焦点。修辞与情境到底应该是怎样的关系？Vatz 认为，与其说"修辞是情境的"，还不如说"情境是修辞的"(涂家金，2009:80)。实际上，这两者之间的关系不是绝对的。①

Vatz 对修辞情境的解读主要侧重于修辞者的主观能动性和修辞话语对修辞情境的创设角色。其实 Vatz 的论述主要涉及了修辞(包括修辞者、修辞话语等因素)和修辞情境的二元因果关系，并没有考虑其他因素。因此，这也是对修辞情境的一种片面解读。

修辞情境的理解不能仅仅局限在某一特定领域内，也不能只涉及某几个因素之间的关联。修辞话语与修辞情境之间的关系既不能单单看作一种 A 决定 B 或 B 决定 A 的关系，也不能把修辞话语看作是修辞情境所关涉的唯一因素。修辞情境应因修辞需要而变化。修辞学家 Burke 则给出了对修辞情境的广义阐释。

3. Burke 的修辞情境观

Burke 在同题文章《修辞情境》(1973)中没有直接提及 Bitzer 的修辞情境理论。但其间接地否定了 Bitzer 的修辞情境论，即把修辞活动限制在有限的

---

① Consigny 曾在《修辞与情境》中对 Bitzer 与 Vatz 的争论中寻求一种平衡，认为，修辞者既受修辞情境思维制约又能在很多修辞情境中保持主动性。

历史场合中。依据 Burke 的观点,语言可以建构人们的现实。人总是通过对其生存环境的观察判断来选择策略,采取适当的行动,通过语言来改变态度和诱发行动。Burke(1998:155,常昌富译)强调可以"上升到哲学的高度归纳出普遍的'人的环境'",进而在此意义上探讨修辞情境的主要特征。因此,从这种意义上讲,Burke 大幅度扩展了修辞情境的研究范围,试图将修辞情境放大到人类共存的大环境中。换而言之,修辞情境是永恒存在的,只要运用语言,就必然进入修辞情境。

Burke 的修辞情境观主要根源于其西方新修辞学理论。新修辞学将修辞学研究领域扩大到无所不包的象征系统,修辞情境自然也在其中。Burke 的修辞情境观是建立在他对人的生存环境的哲学思考基础之上的。他用戏剧及其要素来阐释人的话语和修辞活动,将世界看成是个大戏台,而人们则是通过戏剧舞台来获得人生的观察和认识(曹京渊、王绍梅,2011:82)。实际上,Burke 的戏剧主义"五位一体"理论与修辞情境是紧密相关的。其中的五要素之一场景便直接与修辞情境相关,可看作是修辞情境的一个次范畴。

比较遗憾的是,Burke 始终并没有给出修辞情境的概念定义,也没有提炼出明确的要素,因此很难将其运用到具体操作中。当然,从 Burke 的修辞情境观可看出西方新修辞学的发展空间。总而言之,依据 Burke 的核心观点,修辞情境无处不在,可以大到整个象征系统。

4. 修辞情境的内涵意义:广义修辞情境与狭义修辞情境

Bitzer 将修辞情境限制在紧急状况、听众与限制项等范围内,这本身是一种对修辞情境的狭义解读;Vatz 则过多地把注意力放在修辞者在意义构建中的主观能动性以及修辞话语对修辞情境的创设作用,从而使自己的研究视野大大受限,当然,Vatz 关于修辞者的主观能动性观点对本书还是很有启发的。修辞者在构建修辞话语时体现的主观能动性可以理解为一种修辞动机,即修辞话语的意义创设体现着修辞者的修辞动机,构建也并依存于某种修辞情境。另一修辞学家 Burke 将修辞情境放大到整个象征系统,未免过大,不易把握。笔者认为,修辞情境的解读是一个动态的过程,不能简单以几个要读对其加以限制,因根据具体的修辞活动或修辞话语而异。若牵扯到整个社会的修辞事件如"9·11事件",那其创设的就是一种范围较大的修辞情境。若涉及的是一个词的意义的解读,那其创设的就是一种范围较小的修辞情境,或曰语境。

因此,修辞情境应该从广义与狭义上进行解读。温科学(2009:184)曾经指出,对中国现代修辞学,修辞情境多指上下文的语境,词语对上下语境的"适切",写说者主观因素与社会环境的"适切",这样才能产生宣传效果。而对于西方修辞学而言,修辞情境则指演说者与听众之间进行的互动的场景,修辞活动在这个场景中产生效果,演说者与听众之间进行交流、劝说已达到同一。实际上,中国现代修辞学的修辞情境观可以理解为一种狭义的修辞情境观。Bitzer 与 Vatz 的修辞情境观都可理解为狭义的修辞情境,因为他们所提及的修辞情境要素是带有很多限制项的。而上文中涉及的西方修辞学的修辞情境观则不足以理解为广义的修辞情境观。广义的修辞情境(比如 Burke 的修辞情境观)不仅包括演讲情境,更包括包罗社会万象的象征系统。

综上所述,狭义上讲,修辞情境就是修辞所发生的语境,是修辞行为的基础。胡曙中(1999:125)也指出,情境指情景中的语境。狭义的修辞情境实际上接近于语言研究中的语境。广义的修辞情境就是一种包罗社会万象的社会环境或象征系统。

二、修辞情境与语境、社会语境

上一节已经明确了修辞情境的两种意义。鉴于本书主要是在狭义修辞批评的理论框架下对转喻进行系统的分析与评价,因此,修辞情境的理解应该主要是一种狭义意义,当然也会包含一定的广义意义。同时,由于本书的研究对象——转喻主要是一种语言现象,因此,修辞情境主要应限定在"语境"的范围内。当然,即使狭义的修辞情境所指的语境也是分层次的。语境对应的英文通常是 context,意为"语言使用的环境"(朱永生,2005:6)。许多语用学家都对语境做了界定,对语境的理解也是不同的。鉴于篇幅原因,将不一一介绍。Lyons(1977)以知识去解释语境,并认为语境因素包括语言知识与语言外知识(包括背景知识、情景知识①与相互知识)。比利时语用学家 Verschueren(2000)在其所著的《语用学新解》(Understanding Pragmatics)中开设"语境"一章对这一概念作了系统探讨,并将语境分为交际语境和言内语境两大类。这种两分法的划分略显含糊,交际语境的内涵不够清晰。总起来讲,语境不仅包括语篇上下文的言内语境,也包括与特定的交际情景有关的情景语境,还包括与人们的认知能力、经验、各种百科知识等有关的认知语境②。这也是狭义的修辞情境所涉及的"语境"。

---

①　情景知识指与特定的交际情景有关的知识,包括某一次特定的语言活动发生的时间、地点、交际活动的主题内容、交际场合的正式程度、参加者的相互关系、他们在交际活动中的相对社会地位、各人所起的作用等。(何兆熊:《新编语用学概要》,上海外语教育出版社 2000 年版,第 21 页。)

②　Sperber 和 Wilson 主张从认知的角度研究语境,并认为认知语境是由人们的认知能力和所处的物理环境来决定的。认知语境是一种动态的和开放的心理建构体,可包括背景知识与交际双方相互知识。(Sperber Dan and Deirdre Wilson. *Relevance*: *Communication and Cognition*,Beijing: Foreign Language Teaching and Research Press, 2001)

对广义的修辞情境而言,此处的"语境"主要指社会语境。社会语言学对"语境"所作的经典研究应属 Gregory & Carroll(1978)所著的《语言与情景:语言变体及社会语境》(*Language and Situation:Language Varieties and Their Social Contexts*)。两位作者是在研究方言的基础上对"语境"进行探索的,他们将此概念界定为:"与所论语篇相关的语言或非语言的外在环境"(袁影,2008:54)。"外在环境"是关键词,可以理解为包括社会背景、社会文化、政治、经济等方方面面的社会大环境。

综上所述,本书中的狭义修辞情境主要指言内语境、情景语境与认知语境;而广义的修辞情境则指一种社会语境。

三、批评转喻分析与修辞情境

词的意义不仅仅是个固定不变的概念,在特定的语境中,它是流动的。转喻的意义也是如此。转喻解释阶段所依据一个重要因素即是修辞情境。这是因为,转喻意义的产生与解读都离不开语境(狭义的修辞情境)与社会语境(广义的修辞情境)。一方面,依据 Bitzer 的修辞情境观,转喻意义的产生会受到语境因素的限制,某种转喻意义的产生需要依赖语境。同样,在解读转喻时,我们应该充分利用转喻所存在的言内语境、出现转喻的情景语境和基于人们经验的认知语境。一般来讲,转喻的意义取自这些语境的互动与融合,因为很多情况下转喻意义的解读要依赖的语境不止一种,言内、情景与认知语境有时是交织在一起的,甚至有学者(许葵花,2011:4)指出认知语境是当意义传达时所激活的储存于大脑中的被个体所认知化了的语言语境、情景语境和文化语境。另一方面,社会语境也是转喻意义产生与解读的重要依据。说写者都有自己的社会文化背景,其所处的社会语境和时代背景也会对转喻选择产生一定的制约作用。因而,转喻选择也能折射出其一定的修辞动机。简单来讲,对转喻选择的解读也必须要考虑这种社会语境。

因此,对转喻的系统分析与评价绝不可能是静态、凝固的研究,而应把转喻放到具体的相关修辞情境中进行合理的解释。正如胡曙中(1999:125)所说,修辞学和修辞学家必须考虑修辞话语产生的情境,这一点一直被学者们所公认。可见,修辞情境对语言研究的重要性。

Burke 在《动机语法》中提出的"五位一体"理论中明确提及"场景"要素,并指出包括其在内的五要素是解析人类修辞行为中蕴含的修辞动机的重要工具。如前所示,场景可理解为一种修辞情境,只有将修辞行为放到具体的场景中才能找到其目的或修辞动机。每个转喻表达的选择都蕴含着一定的修辞情境。这个情境既包括语境,也包括社会文化、背景在内的社会语境。因此,转喻解释既应考虑狭义的修辞情境也应顾及广义的修辞情境。换而言之,转喻选择与修辞情境之间是一种互动关系。修辞情境为转喻选择创设适切的场景并可揭示转喻选择的修辞动机，转喻选择也在一定意义上重塑修辞情境。这种互动关系融合了 Bitzer 与 Vatz 对修辞话语与修辞情境之间关系论述的精髓部分。

　　比如，美国前任总统 George W. Bush 和美国现任总统 Barack Obama 曾在"9·11"事件五周年和十周年纪念日分别作了一次重要演讲。当然，两次演讲的修辞情境是大不相同的。Bush 的演讲是在 2006 年，"9·11"刚刚过去五年，美国处在对恐怖主义的持续打击过程中。自从 2003 年 3 月 20 日（伊拉克时间）美国以伊拉克隐藏有大规模杀伤性武器并暗中支持恐怖分子或与"9·11"恐怖袭击有关系为借口，绕开联合国安理会，公然单方面决定对伊拉克实施大规模军事打击起，这项行动就没有停止过。但事实证明，伊拉克与"9·11"无关。当然，另一重要的社会背景是 Osama bin Laden 仍然藏匿，美国认为其恐怖威胁仍然存在。难怪 Bush 使用了这样的语句——"不管花费多长时间，美国寻你到天涯海角也会找到你。我们最终将会把你绳之以法。"（No matter how long it takes, America will find you, and we will bring you to justice.）可见，"9·11"恐怖袭击事件在美国人心中的巨大阴影。在这种修辞情境下，Bush 在其演讲辞中 13 次提及"9·11"，要么使用"September the 11th"，要么使用"9/11"。依据转喻识别的基本标准，结合言内语境、情景语境与认知语境推知，其中 10 个"9·11"是转喻用法（时间代事件），大都转喻地指代"9·11"恐怖袭击事件（具体来讲，要么指代"9·11"恐怖袭击事件的具体细节，要么指代"9·11"恐怖袭击事件折射出的心理恐惧）。Bush 的这种语言选择也表明其鲜明的修辞动机，即提醒或劝谏美国人民时刻记住"9·11"恐怖袭击事件对美国的巨大影响并呼吁人们对恐怖主义保持警惕。这印证了修辞情境对转喻意义构建的影响。同时，"9·11"的转喻表达也重塑了修辞情境。Bush 在"9·11"五周年的纪念日上反复提及"9·11"，这也表明其努力为发动伊拉克战争寻找借口与"圆场"。他在演讲中不断提及伊拉克战争，并提及别人对自己的质问：既然 Saddam 与恐怖袭击无关，那美国在伊拉克做什么？结论是 Saddam 是一个潜在的威胁①。可见，"9·11"不仅成为了 Bush 发动战争的一个借口，也是恐怖主义威胁的一个代名词。这同时也为美国近年来采取某些军事行动创设了一个合理的修辞情境（此处主要指社会语境）。

　　Obama 的演讲是在 2011 年，距离 2001 年"9·11"恐怖袭击时间正好十

---

　　①　参看原文：I'm often asked why we're in Iraq when Saddam Hussein was not responsible for the 9/11 attacks. The answer is that the regime of Saddam Hussein was a clear threat.

周年。Obama 在华盛顿肯尼迪艺术中心举行的纪念音乐会上发表了纪念讲话。之所以这两次演讲的修辞情境大相径庭首先基于两人的不同经历以及不同的政党派别创设的社会语境。Bush 执政期发生了"9·11"事件,而 Obama 没有。Bush 属于共和党,主张反恐;而 Obama 属于民主党,反对伊拉克战争,反对恐怖主义怀疑论。这种对恐怖主义的不同态度创设了不同的修辞情境,比如 Obama 在其演讲中提及"这些军人的奉献以及他们家庭所承受的牺牲提醒我们,战争的代价是巨大的,虽然他们对国家的贡献是光荣的,战争本身却永远不是光荣的①"。因此,在 Obama 的演讲中,"9·11"这一转喻表达的选用就略显不足。区区只有 3 次"9·11"出现在这一演讲中,这三个"9·11"只有一种呈现形式——"9/11",都转喻地指代"9·11"恐怖袭击事件。可见,Obama 的个人阅历(可看作是认知语境的一部分)、政治立场与社会背景构建的社会语境对这一语言形式的选择的影响。另一方面,这种转喻选择也折射出 Obama 旨在劝诫美国民众逐渐淡忘"9·11"的后续影响,不要永远生活在恐怖怀疑之中的修辞动机;也反映出 Obama 把自己的政党观念或意识形态观"强加"给民众的一种修辞意图。同时,"9·11"的转喻选择也重塑了与其相关的修辞情境。在"9·11"十周年之际,Obama 越少提及"9·11",越说明美国不愿提及"9·11"曾经带给他们的伤痛记忆与心理阴影,从而说明"9·11"的后续影响持续存在。

综上所述,通过对 Bush 和 Obama 对同一历史事件在不同时间段做的政治演讲所作的批评转喻分析,我们发现,他们对"9·11"的转喻选择是大不相同的。虽然"9·11"的转喻意义大致相同,但他们使用的频率与时机是有差异的。由此可见,不同的修辞情境对转喻选择有着一定的制约力和影响力;另一方面,转喻选择也可在一定程度上重塑修辞情境。

第三节 批评转喻分析与修辞动机

本书在对批评转喻分析界定时,将修辞动机作为一个重要因素考虑进去。对转喻的修辞批评研究的一个重要目标即是揭示转喻选择者的修辞动机,这是因为转喻选择本身体现着选择者的某种意图。Burke 修辞学中的修辞动机概念是批评转喻分析需要依据的一个重要的修辞学范畴。

---

① 参看原文:The sacrifices of these men and women, and of our military families, reminds us that the wages of war are great; that while service to our nations is full of glory, and war itself is never glorious.

一、修辞动机

Burke 的思想体系博大精深，对其完整而准确的把握不是一件易事。本书涉及的主要是 Burke 的修辞学思想。Burke 在 1945 年和 1950 年分别出版了两本影响力较大的修辞学专著《动机语法》(*A Grammar of Motives*)与《动机修辞学》(*A Rhetoric of Motives*)。这两部巨著分别对"五位一体"和"同一"进行了详尽论述。虽然语言生涩难懂，但两部书对人们的行为与动机的阐释是较为清晰和深刻的。《动机语法》研究人们在特定情景中用话语建构现实的规律性特征，而《动机修辞学》研究的是话语者的"同一"修辞运作。国内外 Burke 研究①中都存在这样的问题：把"五位一体"与"同一"割裂开，忽视了它们之间的内在联系。如果割裂它们的关系，就不能完整、准确把握 Burke 的理论精髓。尽管两部著作涉及的内容略有不同，但其存在辩证的内在联系，书名都含有"动机"二字表明这是两个专著涉及的核心概念。当然，《动机语法》中的"五位一体"理论提及的动机部分更具系统性。

1. Burke 的"五位一体"理论

本书在谈及修辞批评的模式曾经提及 Burke 的戏剧主义修辞批评。这一批评模式主要基于 Burke 的"五位一体"的戏剧主义，旨在通过对象征行为从行动、场景、人物、工具和目的等五种戏剧要素的分析，揭示象征行为中的修辞动机，进而研究人们如何运用象征来改变他人的态度。实际上，"五位一体"理论(又可称作"戏剧五要素"②)是《动机语法》中提及的一个核心理论。这个理论为修辞批评提供了一种理论研究方法，后来发展成为应用到教学修辞学上的一种有效的工具。

---

① 我国最早对 Burke 撰文进行介绍的是顾日国先生，他(1989,1990)先后在重要杂志上发表论文介绍 Burke 的理论。我国修辞学者胡曙中教授和温科学教授出版的多部修辞学专著对 Burke 的理论也都有论述。李鑫华先生于 2001 年发表的论文对 Burke 的研究一定深度的。此外，曾在胡曙中教授指导下攻读博士的学者也相继发表和出版了涉及 Burke 修辞理论的学术论著(参见邓志勇、杨玉春：《美国修辞批评：范式与理论》，《天津外国语学院学报》2007 年第 3 期；邓志勇：《西方"修辞学"及其主要特点》，《四川外语学院学报》2001 年第 1 期；鞠玉梅：《肯尼斯·伯克新修辞学理论述评——戏剧五位一体理论》，《外语学刊》2003 年第 4 期；鞠玉梅：《语篇分析的伯克新修辞模式》，湖南人民出版社 2006 年版)。值得一提的是，胡曙中教授指导的博士论文不少都运用了 Burke 的修辞理论。(邓志勇：《伯克修辞学思想述评》，《修辞学习》2008 年第 6 期，第 19 页)

② 参看温科学：《20 世纪西方修辞学理论研究》，中国社会科学出版社 2006 年版，第 112 页。

简单来讲,"五位一体"包含的五个重要因素就是场景、行为、执行者、方法与目的。Burke 认为对任何行为(人类的符号使用行为)进行讨论时必须考虑这五种因素(也叫五重视点)。场景即为环境视点,行为是通过一种观点来表达的事物本身,执行者是事物的起源或有效的原因,方法是事物或行为的"怎么样"和"借助什么帮助",目的是执行者的动机。这些术语是从戏剧分析中挑选出来的,Burke 把这种方法称作语言和修辞学的戏剧法(胡曙中,1999:264)。这个"五位一体"的分析法与修辞动机是紧密相关的。Burke 试图通过这种方法寻找一种理解人类行为动机的有效手段。他认为,人类的动机使其生活具有策略性和意图,要理解人类的行为必须应该理解人类的动机。换而言之,Burke 希望能把我们在对赖以生存的秩序进行组织和保护时所使用的符号和符号群的动机意义寻找出来(胡曙中,1999:264)。

"五位一体"理论的五个因素涉及人类行为的内在与外在方面,既包括行为的执行者、方法与目的等内在方面,也包括行为产生的场景等外在方面,较为全面地涵盖了人类行为的产生过程。Burke 把目的作为此理论体系的最后一个因素,正说明人类行为的最终目标即是实现执行者的某种修辞动机。

总起来讲,Burke 的戏剧主义"五位一体"理论可以看作是 Burke 所提出的一种象征哲学,通过分析戏剧五要素来研究人类动机。他把语言作为一种人类的行为去研究,因为人类行为的动机和语言之间的联系非常紧密;可以通过分析语言,发现修辞者的修辞行为所隐含的动机。语言选择使人们的行为方式与他人不同,因而语言发挥了产生行为动机的重要功能。夸张地讲,只要有语言,就有动机,就有戏剧五位一体的各种成分的存在,因而就可以运用戏剧五位一体理论与方法分析深藏于语言内部的动机,进而达成规劝受众的行动。本章的研究目标不在于通过"五位一体"理论去分析转喻选择的动机,而是在转喻描写的基础上,借助修辞情境、修辞动机与意识形态等概念阐释转喻解释涉及的重要因素,可以看作是对"五位一体"理论[①]的部分借鉴。

2. Burke 的修辞动机观

动机理论是 Burke 修辞学理想对西方修辞学的一大贡献。鉴于动机理论属于西方修辞学的大范畴,本书拟统一采用"修辞动机"的称法。Fogarty 在《一种新修辞学的基础》一书中对 Burke 的修辞学思想作了较为系统而详尽的论述,Fogarty 指出,修辞动机是 Burke 修辞学理论的开端、连续和终结。可

---

① "修辞动机"可以理解为"五位一体"理论中的"目的",而修辞情境则接近于"五位一体"理论中的"场景"。从这种意义上讲,本书部分地借助了"五位一体"的戏剧主义修辞批评模式。

见,修辞动机在 Burke 修辞学理论中的重要性之大。Burke 把动机描述成"情景的缩写术语","对某些不一致的和冲突的刺激的典型模式所作的粗略简述"(胡曙中,1999:271)。换而言之,修辞动机可以理解为人们在特定情境中的典型反应。可见,修辞动机与情境之间有着密切的联系。情境有助于解读语篇构建者的修辞动机,Burke 的主要兴趣在于结合情境对人类的行为作出合理的解释以发现行为背后潜藏的修辞动机。反过来讲,修辞动机可以重塑情境。语篇构建者会根据自己的修辞动机做出适合情境的语言选择,这个选择过程会融入语篇构建者的社会文化背景知识,这在无形中会对原有的情境产生一定的影响。

实际上,Burke 讨论的修辞动机涉及的范围很广,涉及整个社会领域的方方面面,比如人种学、地理学、解剖学等。在 Burke 的思想中,人类在各个领域的行为中都蕴含着一定的修辞动机,这些动机可以在场景、行为、执行者、方法与目的等五个要素的交叉组合中呈现出来。因此,他的结论是,动机的分配是一个诉诸的问题,这取决于一个人总的定势(胡曙中,1999:273)。因此,修辞动机是"五位一体"要素结合的结果。Burke 在研究修辞动机时使用的一些主要术语来源于他对戏剧的分析。他把语言作为行为模式来处理,因为"语言从本质上来说是人的属性,因此我们应该用语言的工具来看待人际关系"(Burke,1969:55-56)。可见,语言中蕴含的修辞动机实际上可以看作是人类行为蕴含的修辞动机。

总起来讲,Burke 站在一定的理论高度上对修辞动机做了深刻的阐述。Burke 在《动机语法》中用非常艰深难懂的语言刻画了修辞动机的大体面貌以及与相关的戏剧五要素之间的关系。虽然给出了修辞动机的定义——"情境的缩写术语",但这个定义也是较为模糊和难以理解的,因为"情境"本身是一个含义很广的术语。但 Burke 的核心思想却非常明晰:人类的行为(语言)中处处体现着说写者的修辞动机,只不过修辞动机的推理则要依据相关的影响要素来进行。简而言之,修辞活动具有很强的动机性。在某种程度上讲,修辞是说写者为了达到一定的语用目的,根据语境对某一语言材料施行的一种特定行为。作为语用目的的修辞行为,与人的其他行为一样,也存在着动机(鞠玉梅,2011:105)。

Burke 的修辞动机观虽然具有较高的理论基础,但本书认为,修辞动机的理解不应仅仅局限在"情境"层面,修辞动机实际上是人们行事的一种动力,具有较强的导向性和意图性。若把人类的行为看作修辞活动,那么修辞动机贯穿于修辞活动的全过程。修辞过程中,话语的组织,包括话语的选择、组合、调整与扩展,信息的取舍与话语结构的安排,都以修辞动机为轴心。话语理解也要与修辞动机相一致。话语理解的核心是通过修辞行为把握说写者的修辞动机(陈汝东,1997:110)。修辞被看作生活的核心,修辞在生活中具有不可替代的关键作用,是构成人类活动与动机的基础。

涉及语言层面,修辞动机是语篇构建者(或曰说写者)在语言选择中体现的一种有意或无意的意图,潜藏在语言现象的背后。正如 Burke 所说,没有哪一种形式的话语是没有动机的。作为一种语言现象,转喻同样蕴含着修辞动机,这是本书的一个重要观点。系统地分析与评价转喻才能揭示转喻的修辞动机,这也是批评转喻分析的一个研究方向。

二、批评转喻分析与修辞动机

对转喻的修辞批评研究的一个重要步骤是揭示转喻所蕴含的修辞动机,这也是转喻解释的一个方面。笔者认为,转喻解释必须建立在转喻描写的基础上。因此,修辞动机的揭示应当与转喻识别和辞屏有关,当然也离不开修辞情境的辅佐。本小节将主要基于这三个要素结合"批评"方法揭示转喻蕴含的修辞动机。

1. 转喻与修辞动机

上一节已经明确指出,修辞动机渗透在语篇的每一个角落里。只不过它不总是以显性的方式呈现,而大都潜藏在语言之中。我们可以通过系统的分析与评价来解析它。同时,修辞动机也对语篇的展开有推动作用。修辞动机是言语行为产生的动力,它维持并决定言语行为的发展方向。在修辞过程中,修辞者(rhetor)所采用的修辞方式,包括话语的组合方式及其辅助手段,都统帅于修辞动机。也就是说,在修辞过程中,修辞主体说(写)什么、如何说(写)都受制于其修辞动机(陈汝东,1997:109)。修辞动机与语言之间是一种互动作用。作为一种语言现象,转喻与修辞动机之间也是相互影响的。转喻中蕴含着修辞动机,一般以隐性形式存在。人们对转喻的选择有考究的,因为不同的转喻创设不同的视角,使我们的注意力朝向某个方向的同时也背离其它方向,从而蕴含着某种态度,使我们倾向于某种行为,并且在无形中对人们的思想与行为施加影响。同时,人们在选择转喻时或许头脑中已经存在一定的修辞动机,正是这个动机指引其对某个转喻表达的选择。如下例:

(6-1)王川带傅小丽去了北大。出门前他给徒弟打电话,问发动机测试的情况。

"小家伙吧嗒着想冲出马厩!"徒弟兴奋地在电话那头说。

"不然叫'战斧',不能白叫。"他嘱咐徒弟,"发动机仔细检查了一下,我会尽快赶回店里。"

他们到晚了,八点钟才排队拿号。号拿到一百一十七,上午肯定看不成。王川怕错过号。北大不等谁,错过就错过了,要想看病得重新拿号。

(摘自《人民文学》2011 年第 4 期《宝贝,我们去北大》)

"北大"一词的选用蕴含着作者的修辞动机。由此文中的言内语境(狭义的修辞情境)可知,此处的"北大"不是北京大学,是"北大医院"("医院"可从下文语境中的"拿号""看病"等关键词中推理得知)。由下文再次推理得知,"北大医院"不是北京大学医院,是北京大学在深圳办的一家医院。因此,"北大"所表征的转喻关系是典型的部分形式代整体形式。此处,"北大"的选择一方面是基于语言经济性原则[①]。作为人类行为的重要组成部分,语言实践自然也遵循语言经济性这一原则(黄华新、徐慈华,2006:23)。这也印证了关联理论包含的一个基本思想:人类的交际行为遵循经济原则,即交际中人们总希望以最少的努力去获取最佳的交际效果(何自然、冉永平,1998:104)。"北大"的转喻选择既简洁又可清晰地标示其真实所指,当然这取决于文中主人公"王川"与"傅小丽"共同构建的关于"北大"的理想化认知模式。"北大"的选择另一方面可折射出该文作者的别有用心的修辞动机。该文的题目"宝贝,我们去北大"可以有效地导引读者朝着其创设的方向进行思考与想象。"北大"是耳熟能详的词语,在"北大",你可以看到带着黑框眼镜的莘莘学子与吊着巨大眼袋的教授,可以看到北大的未名湖。当然,依据语境,我们很快推知,此"北大"非彼"北大"。因此,作者借用了"北大"这个名讳吸引读者的注意力并劝谏读者对此文进行阅读,从而实现自己向读者推介作品思想的目的。当然,从另外一个角度考虑,作者在选用"北大"一词时早有以上修辞动机,这个动机推动其在构建语篇时作出有的放矢的语言选择。

总起来讲,转喻选择蕴含着修辞动机,两者之间是一种互动关系。修辞动机因语境而异,因分析者而异,带有较大的主观性,需要综合分析才能解析。

2. 批评与修辞动机

解读转喻蕴含的修辞动机依靠的是"批评"。如前所示,批评是一种系统的分析与评价行为。所谓"系统的分析与评价"指的是对转喻现象的解读要分要素与分层次,而不能随意抓住几个因素进行分析。关于"分要素",本书将通

---

① "经济性原则",也称为"省力原则"。简单地说,就是用尽可能少的投入获得最大的效果。美国哈佛大学教授 Zipf 在 1949 年出版的专著《人类行为与省力原则》中,通过大量的数据统计和诸如木工与斧子的关系等个案分析,证实了"人类行为普遍遵循省力原则"这一观点。

过解析转喻识别中的"语境"因素以及辞屏概念对转喻进行分析。之所以选择语境因素是因为转喻识别中其他三个参数——邻近性、理想化认知模式、部分与整体以及部分与部分之间的互动关系属于转喻的一种内在特征,较难反映出转喻选择者的修辞动机。理想化认知模式可以看作人们的一种经验性知识;而部分与整体之间的互动关系则是一种典型的转喻关系,相对稳定;至多,邻近性可随着语境的变化而创设。因此,转喻识别的四个参数中,语境是一个必须要考虑的因素。转喻的解读离不开语境,语境能够为转喻提供合理的外部条件。辞屏的概念中本身就暗含着语篇构建者的某种意图。转喻选择构建的辞屏会导引我们的注意力朝向某个方向,也同时使我们的注意力偏离其他方向,这本身会产生一定的修辞动机。因此,辞屏概念的选择是基于其与转喻选择者的修辞动机之间的密切联系。关于"分层次",本书认为,"修辞动机"是一个过于笼统的概念。一些学者在谈及某些语言现象如隐喻①时曾指出隐喻具有劝说功能,实际上劝说功能也是转喻的一个修辞功能,也是转喻选择暗含的一个至关重要的修辞动机。只不过这个功能过于模糊。因此,修辞动机应该按层次进行划分。国内汉语修辞学者陈汝东(1997)对修辞动机进行了详尽的划分。陈汝东(1997:110)指出,修辞动机内部也是有层次性的,并将其分为四种类型,即表述动机(旨在传递信息)、同化动机(旨在使交际对象在观点、情感等方面与修辞者趋于一致)、祈使动机(旨在使交际对象产生相应的行为)、美感动机(旨在生成、传递美感信息)。虽然仅仅涉及四个层次,但这种划分已经大大改善了修辞动机的模糊性。这四个层次存在一定的逻辑问题。表述动机应该为第一层次的动机,这是最基本的动机,即传达信息;美感动机为第二层次,通过表述传达给受众以美感;同化动机②为第三层次,达成说写者与受众的同一;祈使动机则为最后一个层次,是基于前三种动机促使受众采取某种行动。其实,这四个层次也不是固定不变的,它是一个动态的概念,随着语境的变化而变化。另外,这四种动机并不能涵盖人类的修辞动机,应该根据特有场景体现特有的修辞动机。

综上所述,系统的分析与评价转喻,要分要素与分层次进行。分要素,一要看语境;二要看辞屏。分层次,既要看四个层次:描述、美感、同化与祈使动

---

① 比如孙毅在其博士论文修改成的专著《隐喻机制的劝谏性功能:一项基于"CCTV"杯英语演讲比赛演讲辞的研究》中重点探讨了隐喻的劝说功能。(孙毅:《隐喻机制的劝谏性功能——一项基于"CCTV"杯英语演讲比赛演讲辞的研究》,中国社会科学出版社 2010 年版)鞠玉梅也曾经指出,隐喻具有劝说功能。(鞠玉梅:《社会认知修辞学:理论与实践》,外语教学与研究出版社 2011 年版)

② 同化动机可理解为 Burke 修辞学中的"同一"。涉及语言层面,即达成说写者与听读者之间的"同一"。

机,也要依场景而变通。如下例:

（6-2）在电视剧《中国式离婚》中有这样一段对话:

宋建平:"东北!"

刘东北:"什么事啊?"

宋建平:"没事儿。这不是要出差了吗,到这儿看看你,另外,家里没人,拜托你点事,隔三差五地到我家看看,家里没人,水啊煤气什么的。"

刘东北:"行。"

宋建平:"另外,当当最近在家没人管,我想让娟子去我家带几天他。"

刘东北:"那可不行,万一到你们家我碰见娟子我说什么呀。这么着,有什么事让她给我打电话。"

宋建平:"你也有怕的事啊,行,有事你也给我打电话,好吧。另外,东北,我劝你一句,如果你还想跟娟子好的话。就别再做了。再有,那个事还要继续。"

刘东北:"什么事啊?"

宋建平:"**桃花盛开**。"

首先依据转喻识别的四要素,我们可识别出"桃花盛开"中蕴含着一个转喻运作。此例中存在一个特殊的语境,即宋建平与刘东北之间有一种"协议式"的默契,他们彼此知道对方的秘密,但却不想让他们各自的爱人知晓他们的秘密。"桃花盛开"蕴含着一个事件,即宋建平委托刘东北(网名:兵临城下)跟宋建平的妻子林小枫(网名:桃花盛开)网聊,以使林小枫有事可做而不去做猜忌宋建平"出轨"的一些举动。在"桃花盛开"的理想化认知模式中,有多层次的模式,比如桃花盛开的网名、桃花盛开的真实身份、桃花盛开的网友——刘东北、桃花盛开与刘东北之间的"网恋"等。因此,突显这个事件中的一个网名进而指代整个事件蕴含了一个明显的部分代整体的转喻关系。要分析此例中转喻的修辞动机,我们首先要分要素。第一,语境①。由"桃花盛开"的语境推知,宋建平以一种委婉而不明示方式告知刘东北需要帮自己做的事情,这本身隐藏着一种表述动机,即传达给刘东北一种暗号。第二,辞屏。"桃花盛开"的转喻选择给人以简洁明晰的感觉,比其他选择如"跟林小枫继续网恋"要合适得多;这个网名同时也凸显了整个事件的核心,体现了一种美感动机,提供给观众一个联想的空间。其次要分层次。这个转喻体现的同化动机非常隐含,宋建平与刘东北之间的"同一"是默契的,不需要通过语言来体现。前面已经

---

① 此处的语境与上文提及的狭义的修辞情境如出一辙。

提及表述动机与美感动机,其实体现了祈使动机。宋建平意在通过提供部分信息暗示刘东北采取一些行动,这即是祈使动机。上例表明,要解读转喻的修辞动机需要系统的分析与评价。

第四节　批评转喻分析与意识形态

意识形态是批评性语篇分析所涉及的一个重要概念。批评语言学认为语篇是说话者在形式和意识形态意义两方面进行选择的结果(辛斌,2005:64)。意识形态在批评性语篇分析理论体系中的重要性不可忽视。本小节选取"意识形态"作为批评转喻分析的理论依据,原因有二:一是本书认为意识形态有弱式与强式之分,弱式意识形态的意义接近于修辞动机的意义;二是鉴于批评转喻分析中的"批评"与批评性语篇分析之间存在一定关联,作为批评性语篇的一个重要概念,意识形态与批评转喻分析也应存在密切的联系。如前所示,系统的分析与评价转喻可以揭示语篇中蕴含的意识形态意义。

一、意识形态概念

意识形态的概念可追溯至 19 世纪,可见这个概念存在的时间跨度之大。一般认为,"意识形态"一词是 19 世纪初由法国人特拉西(Antoine Louis Claude Destutt de Tracy)率先提出的。"意识形态"的法语词 idéologie 是由 idéo 与 logie 两部分构成的。前者的希腊语词源的意义为"理念";后者的希腊语词源的意义为"学说"。因此,依据特拉西的理解,意识形态即是"理念的科学"。意识形态的产生有其独特的背景。近代自然科学的发展激发了一部分人对中世纪神学和经院哲学的种种荒谬观念的批判。于是在这场轰轰烈烈的批判运动中,产生了一种建立"观念"的倾向,特拉西的"意识形态"应运而生。由于意识形态作为观念学从一开始起就把认识论中的基础性问题作为自己研究的对象,所以意识形态概念从其产生起就是一个哲学概念(俞吾金,2009:28)。从特拉西对意识形态的定义中可以看出,"观念"是一个关键词。正是基于这个词,意识形态的分类才会更有意义。意识形态的产生距我们如此之远,以致于现代人们对意识形态的理解已经发生了一定偏差。很大一部分学者把意识形态看作是来自于、根置于和反映于某一社会组织的经验或利益,强调其社会经验来源,把意识形态看作为依赖于人类生活的物质方面。国外哲学家Althusser(1971)认为意识形态并非纯粹的"观念"(ideas),而是与社会机构的具体实践紧密相连的。他还注意到意识形态总是掺入阶级的观念,在固定人们的社会地位方面起到决定性作用。Baradat(利昂·P.巴拉达特)撰写的《意识形态:起源与影响》(*Political Ideologies：Their Origins and Impact*)至今已经出版了十版。这本书的题目中的"political ideologies"就将意识形态划入了政治学的行列。张慧芝、张露璐编译的第十版中,通篇是关于意识形态与政治体系、社会制度之间的联系。国内学者俞吾金曾于 1993 年出版了《意识形态论》,并于 2009 年出版了《意识形态论》(修订版)。这两本专著的出版奠定了其在国内意识形态研究中的重要地位。俞吾金先生有在德国攻读博士学位的经历,他的思想属于马克思主义意识形态理论系统,他把意识形态看作是一种与社会制度、生产关系挂钩的政治范畴。俞吾金对马克思与恩格斯的意识形态观做了总结。他指出:(1)在马克思那里,意识形态是一个总体性概念,包括许多具体的意识形态形式,如政治思想、法律思想、道德等等;(2)意识形态是生活过程在人脑的反应;(3)意识形态是社会的产物(2009:68-69)。这个总结是非常全面和到位的,较为详尽地阐述了马克思的意识形态观。简单来讲,正如马克思与恩格斯在《德意志意识形态》中指出的那样,意识形态只不过是一群人用来自我辩护的一种虚构。意识形态中的概念完全是主观的,都是用来为社会中的统治阶级辩护的(Baradat,2010:7-8,张慧芝、张露璐译)。

当然,除了把意识形态看作是一种政治范畴之外,有一些学者倾向于把它看作是一种不直接与社会制度相联系的概念。Gramsci 是西方马克思主义的重要代表人物,但他对意识形态的理解基本上是中性的,甚至是正面的。他反对把意识形态看作是一种错误的观念,而是认为它代表着一种思想体系、一种世界观(辛斌,2005:9)。Eagleton(1991)指出,ideology 本身就是一个文本,其中交织着大量的概念组成(conceptual strands)。这种观点突显了意识形态的"概念观",继承了特拉西的"理念观"。实际上,意识形态是一种人类与世界之间的关系,融合了人类看待世界的各种观点。Daniel Bell(1960)指出,意识形态掩蔽客观世界,去除意识形态的"面纱"可以揭示语言背后的客观观点。因此,依据这种观点,意识形态是一种人类看待世界的观点与态度,可以看作是一种价值观与世界观[①]。

可见,意识形态的内涵是非常丰富的。难怪齐泽克(2002:4)说,"意识形态"可以指称任何事物,从曲解对社会现实依赖性的沉思的态度到行动取向的一整套信念,从个体赖以维系其与社会结构之关系的不可缺少的媒介,到使得主导政治权力合法化的错误观念,几乎无所不包。总起来讲,意识形态可以作

---

① Swan, J., Deumert, A., Lillis, T., & Mesthrie, R. 主编的《社会语言学词典》(A Dictionary of Sociolinguistics)中,意识形态被定义为:个人或群体对社会运作方式的特有观点,相当于一种世界观。(Swan Joan, Ana Deumert, Theresa Lillis, and Rajend Mesthrie, *A Dictionary of Sociolinguistics*, Edinburgh:Edinburgh University Press, 2004:141)

为一种观点、原则、陈述与命题。意识形态的各种概念可总结如下：(1)意识形态含有贬义意义；(2)意识形态概念包含情感与态度；(3)意识形态可以作为一种价值观；(4)意识形态与现实对立，是对现实的一种歪曲；(5)意识形态可以作为一种批评和判断事件的手段(Huaco,1971:246)。

意识形态的概念如此之广，本书需要对其做一定的限定。鉴于本书涉及的内容主要在语言学领域，因而此处的意识形态主要指语言中的意识形态，属于一种观点、态度或价值观。正如俞吾金(2009:69)所说："马克思与恩格斯曾经指出，意识形态的载体是语言。"本书将通过分析转喻这种语言现象揭示转喻所体现的意识形态意义。

1. 意识形态的分类

上一节已对意识形态的繁杂性作了一定阐述，它甚至是一个无所不包的概念，为了进一步界定本书中的意识形态，需要对其进行一定的分类。20 世纪 20 年代，德国知识社会思潮的代表人之一 Mannheim 在《意识形态与乌托邦》一书中区分了"特殊的意识形态概念"与"总体的意识形态概念"。前者从总体上来看是敌对者的各种观念的一个部分，后者则指的是敌对者的整个世界观。Mannheim 从知识社会学的角度对意识形态的阐述较好地发展了特拉西的"理念观"，尤其是他对"观念"与"世界观"等术语的引用。但其提及的"敌对者"却将意识形态界定为带有政治色彩的概念。马克思主义的代表人物之一 Gramsci 区分了"有机的意识形态"(organic ideologies)和"任意的意识形态"(arbitrary ideologies)。前者指肯定意义上的意识形态，它是一定社会结构的反映形式；后者指否定意义上的意识形态，它是个人的思辨，是对社会历史的歪曲反映形式(辛斌,2005:9)。这两种意义的意识形态实际上都把意识形态限定在社会学领域，与社会结构、社会历史相关。意识形态应该也分属于其他领域。Geuss(1981)也区分了三种不同的意识形态概念：一是描述意义上的意识形态概念，即在分析某一社会总体结构时，不引入某种价值观来批评或赞扬这种意识形态，即只作中性的、客观的描述；二是贬义的意识形态，也可以称为否定性的意识形态，即承认意识形态的存在，但对它的内容和价值却采取否定的态度，认定它不可能正确地反映社会存在，而只能歪曲社会存在，掩蔽社会存在的本质；三是肯定意义上的意识形态，即不光承认意识形态的存在，而且对它的内容与价值采取肯定的态度，认定它能客观地反映社会存在的本质。如果以此标准来加以区分的话，那么，特拉西的"意识形态"是一个肯定性的概念；马克思提及的"意识形态"则是一个否定性的概念①。这种描述意

---

① 此处的否定性概念主要倾向于政治色彩的概念，不能完全等同于否定意义或贬义。

义、肯定意义与否定意义的划分方法较好的区分了意识形态的本质意义,但严格意义上讲,中性意义是不存在的,人们在评述社会现象时难免掺入自己的价值观。

结合学者们的研究,根据意识形态与社会变革以及人们思想、信念之间的关系,我们拟将意识形态分为强式说与弱式说。强式说指的是意识形态与社会形态、制度紧密相关,意识形态本质上是统治阶级的思想。它是社会中的统治阶级对所有社会成员提出的一组观念,是统治阶级强加给被统治阶级的价值观体系。这一类观点的代表人物如马克思和恩格斯。弱式说指的是意识形态可以被理解为一种人们看待事物的方法(比如世界观),它涉及从某一特定角度对世界的描述。它也可以看作是人们的一种修辞动机(李克、李淑康,2011:36)。下一节将对此作进一步的探析。

2. 意识形态与修辞动机

如前所示,修辞动机是 Burke 修辞学理论中的一个重要的修辞学概念。Burke 本人对修辞动机的界定是非常抽象的,他在"戏剧的五位一体"理论中提及修辞动机并指出人类的行为中蕴含着修辞动机。虽然 Burke 的理论艰涩难懂,但他对修辞动机的阐述为语言研究提供了较好的思路。涉及语言层面,本书认为,修辞动机是语篇构建者(或曰说写者)在语言选择中体现的一种潜藏在语言现象背后的有意或无意的意图。其实修辞动机的概念中包含几个关键词——观点、意图、态度等,这几个词体现的核心意义与本书中的"弱式意识形态"的概念相当接近,这也是本书选取"意识形态"作为转喻解释的一个因素的重要原因。本书中的意识形态主要是一种弱式的意识形态①,主要指人们从某个角度看待世界万事万物所体现的观点与方法。这个概念也包含诸如观点、方法、价值观与世界观等在内的关键词。因此,某种意义上讲,修辞动机与弱式意识形态均可理解为人类看待与理解世界的观点。Burke 在《动机修辞学》中曾指出:"意识形态不能仅从经济的考察中推出……它还来自人作为'运用象征的动物'这一本性"(1969:146)。Burke 在对修辞动机的探讨中对意识形态的提及也体现了修辞动机与意识形态之间的交叉。同时,鉴于 Burke 主要把语言看作人类的一种行为来看待,因此,语言中蕴含着修辞动机。同时,马克思的意识形态观明确指出,语言是意识形态的载体。可见,修辞动机与意

----

① 李克、李淑康曾经指出,批评转喻分析视域下的意识形态与批评语言学的意识形态是一致的,是一种弱式意识形态。(李克、李淑康:《批评转喻分析的意识形态观》,《山东外语教学》2011年第5期)本书认为,转喻体现的意识形态意义也应包括强式意识形态,下文将作一定探讨。

识形态的交点不仅在于其概念内涵，也在于其载体——语言。作为一种语言现象，转喻便是修辞动机与意识形态的载体之一。参看下例：

> (6-3)玫瑰一着急，就顾不上大公司的白领风范了，露出小巷女儿的真情本色，赤裸裸地煽动拉拉对李斯特的不满。拉拉看她张牙舞爪的猴急样，差点笑得喷出口中的水来说："我哪里有那么大本事呢！"
>
> （摘自《杜拉拉升职记》）

依据转喻识别的参数，"白领"是一个典型的部分代整体的转喻表达，转喻地指代一类人或一个特殊人群——中产阶级。如果我们仅仅关注字面意义，就无法揭示语言背后的意识形态意义。此处的"白领"代表着一种财富的象征——开靓车住靓房。但如果把"白领"的这个特征突显地指代这一阶层，那么自然忽略这一阶层的其他特征如特立独行的品格和独特的价值取向，以及强烈的务实主义精神①。"白领"表征的这一转喻关系自然体现了其与"蓝领"阶层的鲜明对照，蕴含着一种荣耀感，也体现着语篇构建者的一种价值观。其实，作者本身对白领有一个心理期待及个人见地。正是作者对"白领"的个人理解使其在对玫瑰的非常行为进行描写时在用词方面特别考究，这其实在体现一种意识形态意义的同时也映现出了作者试图揭露白领真实面目的修辞动机。

由上可知，转喻选择不仅体现说写者的修辞动机，也体现一定的意识形态意义。这种意识形态意义主要是一种弱式意识形态（即观点或态度），但也可以是一种强式意识形态，这主要因说写者和修辞情境而异。

二、批评转喻分析与意识形态

通过对意识形态的概念以及分类的分析，本书认为，如同修辞动机一样，意识形态也是批评转喻分析的一个重要因素，更是转喻解释阶段必须要考虑的一个参数。系统的分析与评价转喻可以揭示转喻背后隐藏的修辞动机和意识形态。同时，鉴于意识形态也是批评性语篇分析涉及的一个重要概念，在批评转喻分析框架内对意识形态进行定位时需要考虑批评性语篇分析的意识形态观。

1. 批评性语篇分析、批评语言学的意识形态观

作为一种研究范式，批评性语篇分析主要研究语言、权力与意识形态之间的关系。批评性语篇分析大大拓宽了批评语言学的批评视角，其核心内容是

---

① 到底能反映与折射哪种特征取决于语境。

对语言与社会结构之间的关系进行研究。批评性语篇分析的目的是揭示语篇中含而不露的意识形态意义,尤其是那些被人们习以为常的偏见、歧视和对事实的歪曲,并解释其存在的社会条件和在权力斗争中的作用(辛斌,2002:36)。通过揭示语言背后的意识形态和权力关系及其影响,可以使人们对语篇有更清醒的认识。

由于批评性语篇分析所揭示的意识形态主要与语言中的权力和不平等现象有关,同时批评性语篇分析致力于探索语篇如何反映和折射社会现实以及如何参与和导致社会变革,因此,这种意识形态是一种强式意识形态。

意识形态在批评语言学①中的体现不多,也不太系统。Fairclough(1989:28-29)总结了批评语言学有待改进的地方,并指出语言与意识形态的联系在批评语言学中虽有所涉及,但界面太窄。田海龙(2006:42)进一步指出,语言与意识形态的关系界面在批评语言学中不够全面,没有涉及语法和词汇以外的范围,如文章结构、修辞手段。虽然不太系统、不太全面,但意识形态在批评语言学中有其独到的内涵。批评语言学的开拓者之一——Fowler 将意识形态理解为一个中性概念。Fowler(1979:190)指出,意识形态是个人或社会借以理解世界的信念、价值观系统、观点、主张、看法和范畴;他(1991:92)进一步指出,提到意识形态,并不是指一些虚假的思想或者因暴露出"被歪曲的意识"而在政治上不受欢迎的信念。更恰当地说,它是一个中性的定义,与人们安排和证明自己的生活方式相关。Kress & Hodge(1979:6)也把意识形态看作是一个描述性的概念。虽然被看作一种中性或描述性概念,但意识形态在批评

---

①　有学者(如田海龙:《语篇研究的批评视角:从批评语言学到批评话语分析》,《山东外语教学》2006 年第 2 期)指出批评语言学与批评性语篇分析分属于不同阶段。田海龙(2006)认为,批评语言学形成于 20 世纪 70 年代末,其主要思想体现在 1979 年同时问世的两本书:FowlerRoger, Bob Hodge and Tony Trew, *Language and Control*, London: Routledge and Kegan Paul, 1979.和 Kress Gunther and Roger Hodge, *Language as Ideology*, London: Routledge and Kegan Paul, 1979.及其修订版——Kress Gunther and Roger Hodge, *Language as Ideology* (2ⁿᵈ *edition*), London: Routledge and Kegan Paul, 1993。批评性语篇分析始于 1989 年。Wodak 将这一阶段的形成性标志表述为几本书、一份期刊和一个会议(Wodak Ruth, What CDA Is About-A Summary of Its History, Important Concepts and Its Developments, in Wodak Ruth and Michael Meyer, eds. *Methods of Critical Discourse Analysis*, London: Sage, 2001, p. 4)。Language and Power(Fairclough Norman, *Language and Power*, London /New York: Longman, 1989)、Language, Power and Ideology(Wodak Ruth, *Language, Power and Ideology*, Amsterdam: Benjamins, 1989)以及 Prejudice in Discourse (Van Dijk Teun. A., *Prejudice in Discourse*, Amsterdam: Benjamins, 1984)可以说在认识论上标志着批评性语篇分析的形成。在涉及意识形态问题上,可以区分批评性语篇分析与批评语言学。

语言学中的定位实际上是一种弱式意识形态,这种批评的目的在于揭示语篇构建者的观点、信念与想法。批评语言学与批评性语篇分析在对意识形态的界定上存在明显的区别,这是一种弱式与强式的区别。

2. 批评转喻分析的意识形态观

鉴于批评转喻分析与批评隐喻分析以及批评性语篇分析之间的紧密联系,批评性语篇分析与批评语言学的意识形态观对界定意识形态在批评转喻分析视域中的内涵有较大的借鉴作用。批评性语篇分析确立了一种强式的意识形态观,旨在揭露语篇中蕴含的权力与政治不平等现象,这直接与政治变革、政治体制相关,转喻中也会蕴含着一种强式的意识形态意义。鉴于强式意识形态主要与社会制度、政治体系有关,因此这种情况主要体现在一些与政治有关的篇章中。如:

(6-4) Beijing claims "indisputable sovereignty" over South China Sea[①]

(摘自《华盛顿邮报》)

此例中的"Beijing"转喻地指代"中国政府"。华盛顿邮报对"Beijing"的选用体现了一种强式意识形态意义。中国与美国分属于不同的社会制度与政治体系,有着不同的意识形态观。因此,华盛顿邮报在提及中国政府可以用"Beijing"来代指,这既可以避免了某些政治责任,又可以阐明其政治立场,标示自己的意识形态不同于中国。Zhang, Speelman & Geeraerts(2011)曾经分析了在大陆(Mainland,China)和台湾地区(Taiwan,China)的部分媒体(大陆的人民日报、台湾联合日报集团的四份报纸)中"Beijing"分别转喻指代政府的体例。结果显示,人民日报中大部分的"Beijing"指代"北京市政府",极少部分指代"中国政府";而在台湾,情况则恰恰相反。大部分的"Beijing"指代"中国政府",极少部分指代"北京市政府"。他们认为,意识形态是出现这种情况的一个重要因素(2011:106)。Mills(1962:27)指出,修辞与意识形态限制着人类的选择,支配着人类的行动,人类在使用自己所拥有的权力时,受他们认为自己必须运用的语言的影响,受他们在相互交易中意识形态的影响。此处,正是意识形态决定了语篇构建者对"Beijing"的转喻表达的选择。可见,此转喻现象中体现的是一种强式意识形态意义。

---

① 摘自 http://www. washingtonpost. com/wp-dyn/content/article/2010/07/30/AR2010073005664. html,2010 年 7 月 30 日。

　　当然,转喻主要体现一种弱式意识形态意义,即一种人们从特定视角看待和理解世界所体现的观点、态度与价值观等。这种意识形态意义可理解为修辞动机,它不直接与政治变革、社会制度与生产关系等范畴挂钩,只是语篇构建者的一种观点与意图。因此,这种情况下,批评转喻分析视域下的意识形态与批评语言学的意识形态是一致的,是一种弱式意识形态。它旨在透过语篇中的转喻现象揭示其背后隐含的语篇构建者的信念、思想与修辞动机。

　　综上所述,基于批评性语篇分析与批评语言学的意识形态观、意识形态与修辞动机之间的关系以及意识形态的概念与分类等理论基础,本书推知,批评转喻分析的意识形态观可分为两种:一种是强式意识形态意义,另一种是弱式意识形态意义。

第五节　小结

　　本章中,我们主要对批评转喻分析的第二个步骤——转喻解释做了详尽的阐述,并结合一些语言实例进行了系统的分析。转喻解释阶段离不开修辞情境、修辞动机与意识形态等三个要素。修辞情境是转喻解释需要考虑的第一要素,转喻只有在特定的修辞情境中才能得到合理的解释。结合学者们的以往研究,本书对修辞情境进行了再界定,并指出修辞情境有广义与狭义之分,这也是本章的一个创新之处。转喻解释过程应把这两种修辞情境都考虑进去。修辞动机和意识形态是转喻解释的一个目标。前者是 Burke 修辞学理论的基石,出现在 Burke 的戏剧主义"五位一体"理论。后者虽然是政治学中的一个范畴,但本书将其引入批评转喻分析,主要基于修辞动机与意识形态在一定意义上的关联。本章中,我们区分了强式与弱式意识形态意义,并把修辞动机与弱式意识形态意义看作是内涵接近的两个概念。因此,转喻解释既可以揭示转喻选择中蕴含的修辞动机,也可以透析其中的意识形态意义。综上所述,在转喻描写的基础上,转喻解释应该从修辞情境、修辞动机与意识形态三个方面展开。如果把转喻描写看作是批评转喻分析的起步阶段,那么转喻解释就是批评转喻分析的核心阶段。下一章,我们将探析批评转喻分析的最终阶段——转喻评价。

第七章　转喻的评价

第一节　引言

转喻描写阶段对转喻的识别以及转喻的凸显性特征创设的辞屏做出了明确的界定。转喻解释阶段在考察转喻相关的修辞情境的前提下揭示出转喻选择蕴含的修辞动机与意识形态意义。作为批评转喻分析的最后一个阶段,转喻评价则需要依据相关标准对转喻描写与解释的结论进行评价,揭示批评转喻分析的终极目标。本书认为,鉴于转喻作为一种修辞格与认知工具的本质和转喻作为劝说性语篇与言语产品中的语言现象的特点,转喻评价标准既应包含修辞批评的评价标准中的真实标准、道德标准、艺术标准,还应增加语篇性标准。这里我们提及的终极目标主要是一种理论上的分析目标。至于转喻评价的效果则要看受众的实际反应。鉴于本书的篇幅以及研究方法的限制,我们将对此不做详细讨论。转喻评价实际上是一个主观性较强的修辞批评阶段,因为要对一种语言现象进行评价难免掺入分析者的个人立场,难免局限于分析者的经验和知识的视角。因此,要做到绝对客观是不现实的。本书将选取上述四种标准为基准,尽可能全面地评价转喻,进而揭示转喻选择者(说写者)对受众(听读者)进行修辞劝说并达成同一的最终目的。本章将首先在介绍转喻评价标准的基础上,探讨西方修辞学理论中的修辞劝说与同一与批评转喻分析之间的内在联系。

第二节　转喻评价的标准

简单来讲,修辞批评的目的即是对修辞话语(包括广义上的象征系统以及狭义上的言语产品)进行有力的评价。批评者对批评对象的评价不是随意的,应该依据一定的标准进行。当然评价是一件仁者见仁、智者见智的活动,评价的标准也是较难确定的,不同的批评对象应该有不同的评价标准。Campbell & Burkholder(1997:110-121)确定了修辞批评所参照的四个标准:效果标准

(effects criterion)、真实标准(truth criterion)、道德标准(ethical criterion)、艺术标准(artistic criterion)。蓝纯(2010:374-379)对这四个标准作了详尽的论述。效果标准就是要看修辞语篇在多大程度上实现了自己的目标。事实标准是修辞语篇在多大程度上真实、足量地呈现了外部世界客观存在的状况。换句话讲,根据真实标准来做的评判是在修辞语篇所描述的语篇内现实和外部世界客观存在的语篇外现实之间进行比较,看看修辞者所提出的观点和所引述的例证等与我们对语篇外现实的把握是否一致(Campbell & Burkholder, 1997:114)。道德标准是指要衡量修辞者所秉持和推崇的价值观是否符合人类社会的主流观念,批评者所关注的是对这种价值观与理想的价值观是否吻合。艺术标准是指对修辞语篇的艺术价值和美学价值进行鉴赏。

　　作为修辞批评的一种形式,批评转喻分析也应该参考以上标准。当然,转喻是一种特殊的修辞批评对象,它既可作为一种修辞格,也可看作是人类认知世界的一种工具。因此,艺术标准①是首先考虑的标准。作为一种修辞格,转喻会带给读者一种美感。人们认为使用转喻的目的是唤起人们的联想,增强语言的魅力以获得理想的修辞效果(李克、卢卫中,2008:2)。作为一种认知工具,转喻反映了人类的部分认知特点,丰富了人们认识语言的手段,增添了语言解读的趣味性,固也可以用艺术标准去衡量它。其次,转喻描写揭示了转喻的凸显性特征创设的辞屏。鉴于辞屏对现实的反映与背离特点,真实标准也可作转喻评价的一个标准,即认识转喻选择对现实的反映程度。再次,转喻解释可揭示说写者的修辞动机和意识形态。因此,道德标准同样可作转喻评价的一个标准,旨在了解说写者的意识形态(主要指强式意识形态)是否符合人类社会的主流观念。修辞批评的另一个标准——效果标准不太适合转喻评价,因为,效果本身就是一个不易把握的标准。正如 Campbell & Burkholder (1997:110-113)所说,语篇取得的效果,不论短期还是长期,在很多时候并不是十分明朗的。转喻评价也是如此。一个转喻选择的好坏到底在受众中有多大的反响是很难考证的。为避免转喻评价的主观性,考虑到转喻作为一种语言现象,我们认为,语篇性也应作为转喻评价的标准。Beaugrande & Dressler 在《语篇语言学导论》(*Introduction to Text Linguistics*)中提出了语篇应该满足的七个标准,其中包括衔接(cohesion)、连贯(coherence)、目的性(intentionality)、可接受性(acceptability)、信息性(informativity)、情景性(situ-

---

　　① 王玉仁在谈及修辞效果的系统评价时指出,言语信息的悦人度应该作为重要的评价标准之一。(王玉仁:《系统修辞学》,中国社会科学出版社2010年版,第201页)此处"悦人度"与本书的"艺术标准"如出一辙。可见,艺术标准应当作为衡量转喻的修辞效果的重要标准,即作为转喻评价的一大标准。

ationality)和篇际性(intertextuality)。这七个标准就是语篇性(胡曙中,2005:
10)。这些标准并非处于一个层面,衔接与连贯以语篇为中心,而目的性和可
接受性主要体现语篇的心理层面,情景性和篇际性主要反映语篇的社会层面,
而信息性则是语篇的计算机处理层面。涉及转喻评价,我们认为,衔接、连贯、
目的性、情景性是语篇性标准主要考察的几个方面①。衔接与连贯可以考察
转喻表达可否为语篇的衔接和连贯提供必要的辅助;目的性是语篇生产者的
主观态度,可考察说写者进行转喻选择的修辞动机;而情景性则主要考察转喻
选择与修辞情境之间的关系。

综上所述,转喻评价的标准主要有:艺术标准、真实标准、道德标准与语篇
性标准。

第三节 转喻评价的终极目标

基于转喻评价的标准,转喻评价旨在对转喻描写与转喻解释的结论进行
总结与评价,进而揭示语篇构建者对受众的修辞劝说目的从而实现其与受众
之间的同一的修辞意图,这即是转喻评价的目标,也是批评转喻分析的终极目
标。修辞劝说与同一是转喻评价关涉的两个重要的修辞学理论。其实,修辞
劝说渗透在批评转喻分析的全过程中,尤其是在转喻解释阶段揭示语篇构建
者的修辞动机与意识形态意义的过程中。当然,在转喻评价阶段,修辞劝说的
渗透是不言而喻的。

一、修辞劝说

1. 古典修辞学的劝说理论②

修辞劝说是古典修辞学的核心思想。亚里士多德给修辞学所下的定义
是:修辞学是一门发现适用于任何主题的劝说方式的艺术(胡曙中,2004:
440)。换而言之,亚里士多德将修辞学看作是一种为寻求劝说而进行的研究。
所谓"劝说方式"可理解为使演讲内容言之有理的论证方式。实际上,古典修
辞学主要局限在演讲领域。另外,亚里士多德认为劝说的主要对象是听众,并

---

①　可接受性、信息性与篇际性等要素不易把握,而且与转喻描写、转喻解释与转喻
评价的关联度不够。

②　劝说不是古典修辞学的"专利"。比如中世纪修辞学家奥古斯丁强调,传教士应
该把修辞看作是一种劝说人的方法,而不是一种表现的方法(胡曙中:《现代英语修辞学》,
上海外语教育出版社 2004 年版,第 442 页)。奥古斯丁提出的"修辞有教诲的作用"观点也
明确了其把重点放到劝说上的思想。实际上,在修辞学发展的各个时期,劝说都是一个永
恒的话题,只不过涉及具体领域会有所变化。

指出修辞演讲就是对听众的一种说服,让听众形成某种判断、认同、赞成并采纳自己所持的观点或采取某种行动,因而修辞学的目标就是研究如何能达到最大的劝说效果(姚喜明,2009:67)。在其《修辞学》中,亚里士多德对如何实现成功的劝说做了较为全面系统的阐述,提出了三种基本的"人工"劝说方式——人品诉诸(ethos)、情感诉诸(pathos)和理性诉诸(logos)。人品诉诸主要指修辞者的道德品质、人格魅力等。亚里士多德关于修辞人格有两大主要观点,一是修辞人格是起支配作用的说服手段;二是修辞人格是不同于修辞者个人人格的一种构建。修辞人格意指一个人的生活方式(包括人格和道德)或一个人在表面上展现出的正直性的能力。西塞罗和昆提利安也指出一个人必须首先是一个正直的人才有可能通过一定的训练成为一名合格的修辞者。情感诉诸则是通过抓住听众的心理来激发他们的感情进而产生的劝说的效力,是一种"动之以情"方式。理性诉诸主要指通过事实理据与逻辑推理实现对受众的劝说,是一种"晓之以理"方式。古典修辞学时期,不仅仅亚里士多德对劝说"情有独钟",一般所说的老一代哲辩师还包括普罗泰格拉(Protagoras)、高尔吉亚(Gorgias)、希庇亚斯(Hippias)、普洛狄柯(Prodicus)、特拉西马库(Trasymachus)、克里提亚氏(Critias)以及安梯丰(Antiphon)等七人,他们都主张言辞以说服受众为终极目的,只要在面对的受众中造成自己的言说是箴言谠论的印象和看法,就算成功(刘亚猛,2008:20-21)。可见,修辞的根本目的在于劝说受众。这种对修辞学与劝说之间关系的论述影响了古典修辞学之后的任何时期,包括西方新修辞学时期。而时至今日,修辞学仍然被看作是一种劝说的学问。2005 年,《纽约时报》在对 20 世纪修辞学家 Wayne Booth 谢世后所作的评论中指出,"他把小说看作是作者与读者之间的一种契约,而关键所在便是修辞——一种口头说服的艺术①"。

当然,如前所示,劝说与修辞是不可分离的。修辞学家 Weaver 认为,所有的语言使用情况都是劝说性的,即修辞性的(胡曙中,2009:410)。作为修辞批评的一种形式,批评转喻分析与修辞劝说也是紧密相关的。

2. 转喻评价与修辞劝说

如前文第四章第四节所示,批评转喻分析的批评对象主要是富含转喻的劝说性语篇类型如政治演讲语篇、体育新闻语篇、广告语篇等。对这些语篇中的转喻的评价,可以揭示语篇构建者对受众的劝说意图。

政治演讲语篇是劝说性语篇的典型代表。每一个政治演讲者的劝说动机

---

① 参看韦恩·C.布斯:《修辞的复兴:韦恩·布斯精粹》,穆雷等译,译林出版社 2009年版。

明显地体现在其措辞中,当然,转喻只是一种措辞手段。Meadows(2007)曾经分析了 2004 年至 2005 年间美国布什政府关于伊拉克战争发表的一些公共演说中所采取的转喻策略。研究中,Meadows 指出,在这些演说中,转喻的策略被广泛地采用,转喻不仅仅是诗学上的表达,而且还深深地影响人们看待周围世界的方式。实际上,虽然没有明确提及劝说的修辞动机,Meadows 的论述已经清晰地说明政治演讲语篇中的转喻策略的运用是演讲者劝说受众的一种有力手段。如第六章第二节中,Obama 与 Bush 的政治演讲中"9・11"的转喻选择体现了两位选择者的意识形态,也符合美国的主流意识形态(资本主义意识形态),符合道德标准则;同时这个转喻选择也较为客观地反映了当时的修辞情境,符合真实性标准,也符合语篇性标准中的情景性。基于这几个标准,"9・11"的转喻表达充分体现了两位总统对受众进行修辞劝说的动机。当然这种动机略有差异,Obama 在于劝慰受众从这个灾难事件中走出来,Bush 则在于提醒受众这个事件对美国的影响犹在,需要把反恐继续下去。

　　体育新闻语篇中的转喻现象也是一种能体现语篇构建者劝说意图的语篇类型。转喻现象在体育新闻语篇中分布较广,主要的转喻关系有部分形式代整个形式(part of the form for the whole form)、事物的一部分代整个部分(part of thing for the whole thing)。① 这种部分代整体的转喻关系本身就有以偏概全的特点,即通过某个认知上显著的部分,或者说是人们更容易理解或已充分理解的部分去认识、反映整体。在凸显某个属性的同时,也反映了语篇者劝说②受众的动机。比如,《纽约时报》官网 2011 年 10 月 15 日刊登过一则新闻,题目是"Murray and Ferrer Reach Shanghai Finals",文中在提及"Murray"时用的是其国籍"The Scotman",而在提及日本球手"Nishikori"时用的是其年龄"The 21-year-old player"。这个转喻表达的选用符合艺术性标准,在一定程度上增加了语言的艺术性,也可激活读者对两位球手构建的理想化认知模式,作者从而在无形中实现了对读者的劝说。如果将此表达直接换成两人的姓名,则导致语言失色,并无法较有力地吸引听读者。这两个表达也较为真实地反映了两位球手的个人情况,符合真实性标准;同时,它们分别与"Murray"与"Nishikori"构建了一种回指关系,实现了语篇的衔接性,符合语篇性标准。因此,这两个转喻表达可以很大程度上提高受众对该语篇的接受

---

　　① 　参看李克、李淑康:《体育新闻语篇中名词回指构建的认知机制》,《北京航空航天大学学报(社会科学版)》2010 年第 3 期。

　　② 　Nash 曾指出,劝说包括分散受众的注意力(distraction),但这并不是劝说的全部。(Nash Walter. *Rhetoric:The Wit of Persuasion*, Blackwell Publishers, 1989:99)实际上,在凸显某部分属性的同时转喻选择也分散了受众的注意力,从而实现了劝说。

力与解读能力。

广告语篇也是转喻策略频繁使用的一种劝说性语篇①。如前所示,本书中的广告语篇主要指取自视频节目②中的广告,转喻现象在广告中的使用多出于吸引消费者,从而刺激消费者的购买力的动机。狭义上讲,广告语篇中频繁使用的转喻关系即是"生产商代商品"(producer for product)。消费者在广告中寻求的主要是商标或品牌的价值,一个好的品牌会极大地吸引消费者的注意力,并给消费者留下深刻的印象。而一个不知名的商标或品牌或许一时不会引起消费者的关注,需要广告的循环效应。如下面这则广告:

(7-2)There is no starting gun, there are no flash lamps, there is no finish line, I don't need the cheers, if the world breathes with me. Make the change, Li-ning③!(没有发令枪,没有闪光灯,没有终点线,不需要世界为我欢呼,只需要世界随我一起轻呼吸!让改变发生!李宁!)

这是优酷网中的一则关于李宁轻跑鞋的广告词。这则广告实际上是在推广李宁轻跑鞋这个品牌④。广告中的李宁商标转喻地指代李宁公司新出品的轻跑

---

① 当然,广告的劝说性特征不仅仅体现在广告词中。广告还需要其传递给受众的那种美好的视觉感。因此,广告中的转喻主要是一种视喻。视喻是视觉隐喻或视觉转喻的简称,西方学者多用 visual metaphor 来表达,似乎未听说过有 visual metonymy 的说法,但笔者认为后者是完全存在的。(熊学亮:《从语言转隐喻角度管窥视喻》,《天津外国语学院学报》2010 第 5 期,第 2 页)比如,(7-1)CCTV-1 朝闻天下节目所播放的《好客山东欢迎您》中有一段广告:

中华泰山　天下泰安　绿色钢城　莱芜　沂蒙好风光　临沂　暗河漂流　地下大峡谷　商业古城　山东周村　江北水城　运河聊城　奥帆之都　多彩青岛葡萄酒城　魅力烟台……

视喻的手法在此广告中体现得较为明显。广告制作者将山东全省最为突显的人文景点展现给受众,又把每一个城市最为突显的景观罗列出来,宏观上这是一种转喻策略。这种带给受众极大的美感,具有较高的艺术性,可以有效刺激受众的旅游欲望。这种转喻的解读和创意的获取是通过视觉来完成的。其中部分代整体的转喻效果也是通过视觉传达的。

② 我们将主要选取国内第一视频网站优酷网的一些广告视频。

③ 此处的广告中没有台词,只是出现了李宁的商标。

④ 当然,在品牌推广过程中,广告的代言人也是至关重要的,本则广告的代言人是牙买加短跑名将鲍威尔。李克、刘新芳曾就广告代言人的修辞人格与修辞劝说之间的关系作过一定的研究。(李克、刘新芳:《修辞权威,修辞人格与修辞劝说的互动关系研究:基于一则汽车广告的分析》,《中南大学学报(社会科学版)》2011 年第 4 期)

鞋系列产品,这种转喻用法已深深影响着人们的思维,符合这个时代对体育用品的整体感知,符合真实性标准;同时,李宁的新商标①(logo) 的整体设计由汉语拼音"LI"和"NING"的第一个大写字母"L"和"N"的变形构成主色调为红色造型生动、细腻、美观,富于动感和现代意味,符合艺术性标准。近年来,"李宁"已经成为了一个家喻户晓的运动品牌,可见李宁公司的广告宣传对受众的劝说效果是较好的②。当然,涉及劝说的效果——购买与否还取决于其他很多相关因素,比如消费者的经济情况和生活所需、与其他品牌的竞争力等,这不是本节探讨的核心问题。

综上所述,修辞劝说渗透在转喻评价过程中。批评转喻分析所涉及的政治演讲语篇、体育新闻语篇以及广告语篇等劝说性语篇中的转喻现象都不同程度地体现着选择者对受众的劝说意图。

二、同一

1. Burke 的同一理论

如前所示,批评转喻分析的目标在于揭示语篇构建者对受众进行劝说进而达成其与受众之间的同一的修辞动机。可见,同一渗透在批评转喻分析的终极目标内。同一是 Burke 修辞学理论的重要组成部分,也是西方新修辞学的一个代表性理论。正如 Burke 所说,古典修辞学的核心术语是"修辞劝说",而新修辞学的核心术语是"同一"。在《动机修辞学》中,Burke 解释了"同一"。他认为,你要说服一个人,只有用他那样的话语说话,使用相同的方法,使你的姿势、语调、顺序、形象、态度、思想与他的不无二致,你才能说服他(1969:55)。Burke 的同一观点其实是同体的观点,它表示事物和人虽然在其他方面表现出不同,但他们可能具有共同的因素,在这种共同的因素中它们成了同体(胡曙中,2004:371)。所谓同一,通俗地说,是指与听读者③那样所思、所说、所行

---

① 关于李宁新商标对受众的劝说效果是有争议的(国内某论坛曾就这一话题展开过讨论,结果显示支持老商标的人略占上风 http://www.tianya.cn/publicforum/content/develop/1/556809.shtml),这是个仁者见仁、智者见智的问题。

② 李宁公司成立于 1990 年,经过二十年的探索,已逐步成为代表中国的、国际领先的运动品牌公司。自从 2004 年 6 月在香港上市以来,李宁公司业绩连续六年保持高幅增长,2009 年更是达到 83.87 亿人民币。目前李宁公司的销售网络遍布中国大地,截止 2009 年底,李宁公司店铺总数达到 8156 间,遍布 1800 多个城市,并且在东南亚、中亚、欧洲等地区拥有多家销售网点(http://www.li-ning.com/info/info.html? swf=about.swf)。

③ 本书中的听读者可理解为受众,说写者可理解为修辞者或语篇构建者,这些表达在文中将交替使用。

（邓志勇，2011：58）。要达到劝说他人采取某种行动的目的，修辞者必须使用象征符号（尤其是语言）与受众达成同一。可见，劝说与同一是密不可分的。劝说可看作是实现同一的手段，同一也可看作是实现劝说的前提。正如胡曙中（2004：372）所说，"同一"的意思就是劝说，因为修辞学家试图劝说的过程，正是这种成为读者或者听者中一员的过程。

　　Burke 在其修辞学体系中指出了三种同一策略：同情同一、对立同一与无意识同一。同情同一指的是修辞者在思想、感情、价值观等方面与受众相近；对立统一则指修辞者与受众因为有共同的对手而同一起来；无意识同一指修辞者尽量使用某些词语把受众"拉拢"进来，从而使受众无意识地认同修辞者的观点与思想。本书认为，这三种同一不同程度地存在着重叠情况。当一个人与他人拥有共同的对手时，他们在思想、感情与价值观方面就会达成某种同一，因此，对立统一与同情同一是相溶的；再者，当修辞者与受众在思想等方面达成一致时，受众也会无意识地接受修辞者的观点。可见，同情同一与无意识同一也是相溶的。本书中，我们所提及的同一是一个笼统概念，不涉及具体的同一策略。

　　2. 转喻评价与同一

　　转喻的选择体现了说写者的修辞动机。说写者在做出选择时会考虑受众的思想、情感与态度等，尽量做出符合艺术性、真实性、道德性与语篇性等标准的转喻选择。换而言之，转喻表达应增加语篇的可鉴赏性，提升读听者的思想境界；真实地反映相关的修辞情境；实现语篇的衔接与连贯，从而实现说写者的修辞意图。基于这种标准，说写者会与听读者达成心理与语言层面上的同一。同样地，听读者在解读说写者所作的转喻选择体现的修辞动机时，也会基于这几个标准对转喻进行合理的分析，这在无形中会与说写者产生心理上的"碰撞"，并逐步达成同一。当然达成同一的程度因人而异，因情境而异。因此，转喻评价的标准是实现说写者与听读者同一的重要依据。比如：

　　（7-3）"高峰北京完婚 央视名嘴到场祝贺"①。

这是搜狐体育网 2011 年 10 月 7 日发布的一个视频的题头。基于转喻识别的标准，"央视名嘴"是一个转喻表达②。"名嘴"指代名人蕴含着一个典型的"部

---

①　http://s.sohu.com/20111007/n321411443.shtml，2011 年 10 月 7 日。

②　这个表达还掺杂着一个隐喻关系，"名嘴"的隐喻意义是"伶牙俐齿的节目主持人、律师、演讲家等"，比如"他是个名嘴"。

分代整体"的转喻操作;另外,"央视名嘴"是关于某人的理想化认知模式中凸显的一部分(或者某人的一个身份),因此也转喻地指代某个有此身份的人。结合修辞情境,可以看出,作为一个体育界的球星,"高峰"与"央视名嘴"本身是两个不太相关的身份。而说写者有意将其放到一起是有特定修辞动机的。具体来讲,说写者旨在吸引受众的注意力,"引诱"受众观看这个视频,从而提高点击率。可见,这个转喻表达的选择有较高的吸引力,提高了语篇的鉴赏力,符合艺术性标准;视频中显示的信息是所谓"央视名嘴"指的是白岩松,因此,"央视名嘴"的选择符合了真实性标准;再者,这个选择鲜明地体现了其特有的情境性,并标明了说写者的选择目的(目的性),符合语篇性标准。总体来看,说写者借助这个转喻表达对受众进行了有力的劝说,结果表明,说写者与听读者会在这些标准的基础上达成思想、观点的一致,从而实现同一。据不完全统计,目前(截止本书撰写结束前),这个视频的播放次数是 5159180,估计该数字还会继续攀升。视频是一个特例,因为点击率是可查的。涉及其他方面,如同修辞劝说的效果一样,到底修辞者与受众是不是实现了同一?受众到底有没有接受修辞者的"引诱"并按修辞者预期的效果采取应该的行动?这些都是一个具体实践问题,关涉很多因素,不好做具体的估量。因此,这里的"同一"多为一种理论上的同一。

　　总而言之,修辞劝说与同一是转喻评价所关涉的两个重要修辞学理论。修辞劝说渗透在批评转喻分析的始终,而揭示说写者对听读者进行修辞劝说并达成两者(也可曰修辞者与受众)之间的同一的意图是转喻评价的终极目标,也是批评转喻分析的终极目标。

第四节　实例分析

　　鉴于转喻评价是批评转喻分析的最后阶段,我们依据强度抽样原则[①]选取三个语篇进行系统的转喻评价。当然,转喻评价不是空穴来风,它是建立在转喻描写与转喻解释的基础之上的。因此,我们的分析实际上涉及整个批评转喻分析过程。我们的语料包括三个体育新闻语篇[②],以体育报道为主,取自《体坛周报》、人民网体育频道与《北京晚报》体育新闻版,时间跨度为 2011 年

---

　　① 根据强度抽样我们应"寻找那些可以为研究的问题提供非常密集、丰富信息的个案"(陈向明:《质的研究方法与社会科学研究》,教育科学出版社 2000 年版,第 106 页),因此我们选择的语篇尽可能涵盖批评转喻分析涉及的全部或绝大多数要素。
　　② 选取体育新闻报道的原因有二:网上语料极为丰富;转喻用法大量存在于体育新闻语篇中。

1月至9月。第一篇是搜狐网体育频道2011年1月23日刊登的一则新闻，题目是"半决赛前瞻：日韩上演最强对话　袋鼠军团谨防爆冷"。第二篇是人民网体育频道对2011年8月斯坦科维奇杯洲际篮球赛的报道，题目是"斯杯—澳大利亚76：68完胜安哥拉　袋鼠军团迎来首胜"。第三篇是《北京晚报》体育新闻版对2011年9月举行的中国网球公开赛的一则体育评论类文章，题目"三位前世界第一齐聚北京：国王大炮野兔一个都不能少"。选取这三个都含有"袋鼠军团"的语篇的原因在于同一个语言表达在不同的语篇中会有不同的转喻表征。

第一阶段——转喻描写

1. 转喻识别。"袋鼠军团"[①]与"澳大利亚队"（分别指足球队、篮球队与网球队）这两个概念实体之间存在一种邻近性，因为袋鼠是澳大利亚的一个标志性动物。"袋鼠军团"也是关于澳大利亚队的理想化认知模式的一部分，澳大利亚队还包含其他次模式比如队服的颜色与图案（比如黄绿军团）、主帅（命名为＊＊家军）等。因此，"袋鼠军团"与"澳大利亚队"之间是一种部分代整体的转喻关系。

2. 辞屏。"袋鼠军团"的选用凸显了澳大利亚的人文地理特征，它抓住了澳大利亚为世人所知的最突显的事物。当然，这个转喻表达在凸显此特征的同时，也会遮蔽了澳大利亚的其他典型特征，如"骑在羊背上的国家""坐在矿车上的国家"等。

第二阶段——转喻解释

1. 修辞情境。这三个语篇的修辞情境是各不相同的。第一个语篇创设了2011年亚洲杯足球赛半决赛的社会语境，同时，题目中也构建了一个名词回指关系的语境，因此，袋鼠军团指代的是澳大利亚国家男子足球队。第二个语篇创设的是2011年斯坦科维奇杯篮球洲际赛的社会语境，文题中同样包含一个名词回指关系的语境，因此，此文中的袋鼠军团指称的是澳大利亚国家男子篮球队。第三个语篇创设的是2011年9月中国网球公开赛的社会语境，文中"不久前的戴维斯杯亚太区第二轮比赛中，休伊特带领澳大利亚队在北京力克中国队，闯进世界组的附加赛，虽然队中拥有托米奇这样的天之骄子，但真正稳住袋鼠军团军心的，还是如今世界排名已经跌落至188位的休伊特"却构建了关于"戴维斯杯网球赛亚太区第二轮比赛"的语境，两种语境结合起来，此文中的袋鼠军团转喻地指代澳大利亚国家男子网球队。比较三个语篇，我们发现，修辞情境可以创设修辞话语的意义，不同的修辞情境对同一个修辞话语

---

① "袋鼠军团"一词中同样蕴含着一个隐喻关系，把球队看作是"军团"连接了比赛和战争两个认知域。

具有一定的影响;反之,修辞话语也可重塑修辞情境。"袋鼠军团"的选用一般指代某类运动的澳大利亚国家队,其在这三个语篇中的具体指称物补充了原有修辞情境的信息,对整个语篇的解读起到推动作用。

2. 修辞动机与意识形态。依据三个语篇创设的修辞情境(体育娱乐为主),此处的意识形态意义属于弱式意识形态,因此基本等同于修辞动机。我们将统一以修辞动机论之。第一篇题目中"袋鼠军团"的选用一是基于提高体育娱乐效果,增加语篇的文采;二是突显澳大利亚队与乌兹别克斯坦对的比赛如战争"一触即发"的紧张气氛。第二篇题目中选用的"袋鼠军团"则主要为了渲染澳大利亚队胜利的姿态,增加文本的娱乐色彩。第三篇的题目中没有出现"袋鼠军团",只是在文中部分出现了,这也主要是因为《北京晚报》体育新闻版是非专业体育类报纸这一修辞情境。作者在文中使用这个转喻表达主要为了丰富语言表达,避免重复提及"澳大利亚队"。因此,总体来讲,体育新闻语篇中,"袋鼠军团"的选用主要基于文本的文采、语言表达的多样化等考虑。

第三阶段——转喻评价

1. 转喻评价的标准。"袋鼠军团"这个转喻表达的选用符合艺术性标准,在一定程度上增加了语言的艺术性,既能够吸引读者的眼球,也可激活读者对澳大利亚构建的理想化认知模式,从而在无形中说写者实现了对听读者的劝说。如果将此表达直接换成"澳大利亚队",则导致语言黯然失色,并无法最大程度地吸引读者。这个表达也较为真实地反映了澳大利亚的人文风貌,符合真实性标准;同时"袋鼠军团"与"澳大利亚"构建了一种回指关系,实现了语篇的衔接性,符合语篇性标准。语言的艺术性、真实性与语篇性提高了阅读的趣味性与流畅性,可以很大程度上提高受众对该语篇的接受力与解读能力。

2. 修辞劝说与同一。体育新闻语篇可以看所是一种劝说性语篇,因为说写者会想方设法依据修辞情境加之合理的语言策略吸引受众解读相关语篇。Hudson(1923:177)曾指出,修辞话语的作者专注于听众与情景;他的任务是说服;他的形式与风格与情景有机地结合在一起(Wichelns,1998:71;傅玢玢译)。"袋鼠军团"的转喻策略较好地抓住了受众的心理,可以有效地吸引受众的注意力,从而有效地对受众进行劝说,进而达成同一。如前所示,修辞劝说与同一的效果是很难计量的。我们所选的这三个语篇有可见效果的只有第二篇,其关注度目前为 72.3 万次,可见整体效果还是可接受的。

第五节　小结

转喻评价是批评转喻分析的最后一步,也是至关重要的一步。转喻评价也是主观性很强的一个分析路径。对转喻的评价难免受批评者或分析者的个人主观想法所限制，因此，在已有研究的基础上，本章对转喻评价的标准进行了初步的界定，可以看作是本章的一个创新点。基于此，转喻评价应该从四方面进行考量：艺术性、真实性、道德性与语篇性，这四个标准的设定符合转喻本身的特征。当然也不能完全充分地衡量转喻，因为转喻出现的修辞情境是各不相同的，而且批评者的经验也是各不相同的。基于转喻评价的标准，我们认为，转喻评价旨在对转喻描写与转喻解释的结论进行总结，并揭示说写者对听读者进行修辞劝说并实现两者之间的"同一"的修辞动机，这就是批评转喻分析的终极目标。至此，我们已经详尽地阐述了对转喻的修辞批评研究——批评转喻分析的整个步骤。可见，批评转喻分析是一个分步骤、有条理、有层次的修辞批评过程。下一章，我们将探讨这种修辞批评方法的实践价值。

第八章
批评转喻分析对英语教学的启示

第一节　引言

　　批评转喻分析是对转喻的修辞批评研究,包括转喻描写、转喻解释与转喻评价三个重要分析步骤。在整个分析与评价过程中,我们发现,对转喻的解读需要综合诸多因素,比如转喻识别的参数、辞屏、修辞情境、修辞动机、意识形态等。当然,这仅仅是分析转喻不可或缺的因素,要生成转喻则同样需要考虑这些因素。实际上,转喻的解读与生成会体现在英语教学中,因为,不管作为一种修辞格,还是作为一种认知工具或者人类的一种思维方式,转喻在英语阅读、写作与翻译教学中都发挥着举足轻重的作用。批评转喻分析对英语教学尤其是阅读、写作与翻译教学的主要启示意义在于教学过程中可以培养学生的转喻能力;这种能力培养贯穿于英语阅读、写作与翻译教学过程中,可以有效引导学生对转喻进行的分析、评价与选择、生成。因此,何为转喻能力显得至关重要,本章将首先基于批评转喻分析的研究范式对转喻能力进行详尽的界定。具体来讲,在对转喻能力的界定中,批评转喻分析的三个分析步骤也扮演着重要的角色,它们融合在转喻能力中,并为转喻能力提供方向性指导作用。同时,本章将重点探讨转喻能力在英语阅读、写作与翻译教学中的重要角色。

第二节　基于批评转喻分析的转喻能力

　　随着认知语言学理论的发展,越来越多的学者注重认知语言学理论的实用性,即如何将其运用到外语教学中。作为英语学习的主力军,高校英语专业的学生则更需要培养转喻思维,提高转喻能力。鉴于转喻与隐喻之间存在的一衣带水的关系,作为类比,我们先看隐喻能力的内涵。转喻能力的形成一方面应借鉴与参考隐喻能力的构成。另一方面,转喻能力的组构主要基于批评转喻分析这种语篇研究范式。

一、类比:隐喻能力

一般来讲,隐喻能力(metaphoric competence)这一概念是由 Flahive 与 Carrell(1977)首次使用的。他们在 1977 年美国中部语言学年会上宣读了 "Lexical Expansion and the Acquisition of Metaphoric Competence"一文,这是隐喻能力一词首次在学界被提及。但较为详尽地论述隐喻能力的主要有 Gardner 与 Winner(1978)、Danesi(1986)、Low(2001)、Littlemore(2001)等。尤以 Gardner 与 Winner(1978)与 Littlemore(2001)的观点较具代表性。心理学家 Gardner 与 Winner(1978:128-129)则对隐喻能力做了更为详尽的界定与阐述。他们认为,隐喻能力应包括以下四个方面:(1)改述(paraphrase)隐喻的能力;(2)解释隐喻有效性的能力;(3)生成符合特定语境的隐喻表达的能力;(4)评价同一语境中若干竞争性隐喻表达的适切性(appropriateness)的能力。上述界定包括了改述、解释、生成与评价等四个阶段,符合逻辑性,也较为全面。但也存在一定缺陷,比如没有包括隐喻能力的基本组成部分——识别[1]与描写隐喻的能力。Littlemore[2](2001:461)则认为隐喻能力由四部分组成:隐喻产出的原创性、隐喻阐释的流畅性、发现隐喻意义的能力以及挖掘隐喻意义的速度。这个界定主要局限于发现、产出与理解隐喻等方面,没有提及评价隐喻的能力,因此也不够全面。

结合以上研究,改述与发现隐喻意义的能力首先可归纳为识别与描写隐喻的能力,这是隐喻能力所包含的第一种能力,因为这也是定性研究的第一步。其次,解释隐喻有效性的能力、隐喻阐释的流畅性以及挖掘隐喻意义的速度可归纳为解释隐喻的能力;再次,生成符合特定语境的隐喻表达的能力和隐喻产出的原创性可归纳为生成合适的隐喻的能力;最后,评价隐喻表达的适切性的能力也是隐喻能力的重要组成部分,可简化为评价隐喻的能力。隐喻能力的这四个组成部分为转喻能力的构建提供了重要的参考价值。

二、转喻能力的构成

既然隐喻与转喻是"一衣带水"的修辞格,也是人们认识客观世界的认知

[1] Danesi 在界定隐喻能力时也指出,隐喻能力是识别与使用新颖隐喻的能力。(Danesi Marcel,"The Role of Metaphor in Second Language Pedagogy", *Rassegna Italina di Linguistica Applicata*, No.18, 1986:1-10)

[2] 对 Littlemore 关于隐喻能力的论述(Littlemore Jeannette,"Metaphoric Competence:A Language Learning Strength of Students With a Holistic Cognitive Style?", *TESOL Quarterly*, Vol. 35, No.3, 2001:459-491),胡壮麟曾对此做过详尽的介绍(胡壮麟:《认知隐喻学》,北京大学出版社 2004 年版)。

工具,那么转喻能力的构建也应参照隐喻能力中的识别与描写、解释、生成与评价等方面。另一方面,批评转喻分析涉及的转喻描写、转喻解释与转喻评价等分析步骤与隐喻能力涉及的这几个方面也有异曲同工之处,可见,描写、解释与评价是构建转喻能力所涉及的三个关键词。

对转喻能力的研究,李克、李淑康(2008)曾做过尝试性探索。他们认为,转喻思维能力①应该包括几个方面:(1)理解转喻的概念本质;(2)感知(包括发现、认识与解释)转喻的能力与速度;(3)上升到从宏观与微观看事物的能力;(4)在语言实践中运用转喻的能力(2008:78)。这种对转喻能力的定位也涵盖了转喻的识别、描写、解释、生成等方面,更为重要的是,"上升到从宏观与微观看事物的能力"的提出扩大了转喻能力的辐射面,把转喻能力提升到了认识世界的层面。当然,以上对转喻能力的界定上也存在一定的重复与错位。"理解转喻的本质"与"感知转喻"有些重复,另外,"发现、认识与解释"也不应处在同一层面上。再者,"上升到从宏观与微观看事物的能力"应该是概括性较强的能力,因此应该处于转喻能力的最高层。最重要的一点,批评转喻分析的分析步骤——转喻描写、转喻解释与转喻评价可为转喻能力的界定提供重要的思路,并组构转喻能力的核心部分。转喻描写主要包括转喻识别与解读转喻的凸显性特征构建的辞屏,这应是转喻能力的初级阶段;转喻解释主要在于依据修辞情境揭示说写者的修辞动机和意识形态意义,这应是转喻能力的渐进阶段;转喻评价则是依据相关标准对转喻描写与解释的结论进行总结并揭示批评的目标,这应是转喻能力的终结阶段。当然,转喻能力不能仅仅包含这三个方面,因此,转喻能力的终结阶段并非如此。转喻能力还应包括对转喻的生成和运用。范开泰(2009:44-45)曾经指出,语言研究的手段和方法,总的来说,不外乎描写、解释和应用三大类。应用研究的特点是把描写研究和解释研究的成果转化为应用性的理论或工程。因此,在描写与解释转喻的基础上,转喻能力还应包括转喻的运用。具体来讲,即是在语言实践中生成与运用转喻的能力。

综上所述,基于批评转喻分析的研究范式,转喻能力应该包括五个方面,可以提炼为:(1)描写转喻(转喻识别与解读转喻构建的辞屏)的能力;(2)解释转喻的能力与速度;(3)评价转喻选择的能力;(4)在语言实践中生成与运用转喻的能力;(5)由此上升到从宏观与微观之间的关系理解世界的能力。这五个方面对英语阅读、写作与翻译教学将具有一定的指导性意义。

———————————

① 此处的"转喻思维能力"与本书中的"转喻能力"如出一辙,本书的这种提法更为简洁和合理。

第三节　批评转喻分析与英语阅读教学

批评转喻分析对英语阅读教学的启示主要在于两点:一转喻能力对英语阅读的重要性;二在教学中培养学生转喻能力的重要性。

一、转喻能力与英语阅读

英语阅读教学涉及的课程及范围较为广泛。为保证研究对象的可操作性与精确性,现将英语阅读教学主要限定在"高级英语"课程的阅读教学。"高级英语"是英语专业高年级(一般是三年级)开设的一门专业基础课,国内高校英语专业选用的教材很多都是张汉熙 1995 年主编的《高级英语》(修订版)。此教材选用的篇章较具经典性,包含了大量经久不衰的文章。李克、李淑康(2008)曾基于"高级英语"课程对英语专业学生的转喻思维能力的培养做了一项实证研究。在研究中,他们指出,"高级英语"课程中蕴含有大量的修辞手段如隐喻、转喻、转类修辞、头韵、对比、夸张等,其中转喻占有很大的比重,据可靠统计,转喻在所有修辞格中占到 50％左右(2008:79)。因此,转喻的描写、解释与评价的质量对"高级英语"中语篇的理解起着至关重要的作用。另外,李克、李淑康(2008:80)通过问卷调查进一步指出,学生对 metonymy 的认识是相当肤浅的。在日常阅读中,学生也不会牵扯到 metonymy 的使用。更值得注意的是,90％以上的学生都没有听说过高级英语中含有大量的metonymy。其实,经过实地考察发现,转喻现象在学生接触"高级英语"课程之前已经出现在其他英语教材之中比如《综合英语教程》《英语泛读教程》,只是由于授课教师未指明,学生不知道而已,而且更无从谈起对转喻认识的系统化。因此,在高级英语阅读教学中培养学生的转喻能力是非常必要的。

涉及高级英语中语篇的解读,转喻能力中的描写转喻、解释转喻的能力与速度、评价转喻选择的能力以及上升到从宏观与微观之间的关系理解世界的能力都会扮演重要的角色。识别语篇中的转喻是解读转喻的第一步,为进一步的描写打下坚实的基础;解释语篇中的转喻则是阅读过程中最为重要的一步,这可以帮助学生深度地理解作者选取此转喻表达的修辞动机,并透过转喻选择与修辞情境之间的关系揭示转喻背后潜藏的意识形态意义;而评价转喻则可以帮助学生了解转喻选择的优劣,从而为转喻的翻译与运用做好理论性铺垫。从宏观与微观角度看问题的能力则更适用于英语阅读。每一个语篇都是一个整体,包含一个个段落,因而在解读整个语篇时,要充分认识到每一段落与主题之间的关系,这样才能充分地考察语篇的整体意义。如,在解读《高级英语》第一册第九课"Mark Twain—Mirror of America"(马克·吐温——

美国的一面镜子)的第 3 至 5 段时,转喻能力显得至关重要。在读到第三段中 "Keelboats, flatboats, and large rafts carried the first major commerce"一句时,依据转喻识别的基本参数——邻近性、理想化认知模式、部分与整体以及部分与部分之间的关系与语境,我们可以识别出"commerce"中蕴含一种转喻关系。结合上下文,可以得知,"carried"一词所需要的宾语不应该是"commerce",而应是"commerce"的喻标,即"commodity",这是一个整体代部分的转喻关系(在 commerce 的理想化认知模式中,commodity 是一个次模式)。作者选用这个转喻的修辞动机主要在于突显密西西比河在当时对美国商业发展的重要性,因为"commerce"一词的范围明显大于"commodity"。总体来看,这个转喻选择较具艺术性,"commerce"给读者的整体印象要比"commodity"强;也具有语篇性,下文中的"wood, corn, tobacco, wheat, leather"与"commerce"构成了语篇的衔接性,因此,这个转喻选择是较为合理的。从生成转喻的角度看,通过转喻描写、转喻解释与转喻评价三个步骤,我们一般把这句话译为:"龙骨船、平底船与大木筏运载着第一批重要的商品。"当然,要更进一步地理解作者写此段的意图则需要从宏观层面探析这一段与上下段之间的关系(这一部分主要在介绍马克·吐温年轻时的经历),从而在整体上理解作者的真实用意。当然,以上主要是从转喻能力的几个方面对英语阅读中语篇解读的显性分析,这些能力在解读过程中是隐性的,需要在阅读教学过程中通过循序渐进的培养而形成。

二、英语阅读教学中转喻能力的培养

鉴于转喻能力对英语阅读有着重要的作用,因此,培养学生的转喻能力显得至关重要。教学中,若涉及语篇中的转喻表达,则需要帮助学生有条理地对转喻进行描写、解释与评价;涉及整个语篇的理解,则需要培养学生认识每个段落与上下段落甚至其他段落之间的关系、每个段落与语篇主题之间的表层关系与深层关系,这即是从宏观与微观层面解读篇章的能力。李克、李淑康(2008)曾基于高级英语的阅读教学提出了一个较为详尽的培养英语专业学生的转喻能力的研究计划。该计划中学生被分为两组:实验组与对照组。大体步骤如下:

(1)实验开始时,教师对实验组学生讲清授课目标侧重于学生对转喻的认知。而对照组则在让学生不知晓的情况下继续进行常规教学。

(2)实验过程中,教师对实验组学生深度详解转喻,包括转喻的本质、特点及应用等方面;同时训练实验组成员对转喻的理解程度,提供给学生一些"高级英语"课程中含有转喻的句子以训练其对转喻的提取速度与解释的准确性。每节课后,让学生从网络文本或课外阅读材料上搜索一些转喻的句子与语篇,并做出合理的解释。

(3)实验结束后,对实验组与对照组学生同时进行终结性评估,以问卷调查与期末测试为主要手段。通过对比进而发现两组学生的转喻能力差异及其对英语阅读的影响。

该实验结果显示,实验组学生经过半个学期的培训基本具备了转喻能力[①];相反,对照组学生则仅仅把转喻看作借代,对转喻的认识停滞在传统修辞学中的借代辞格上,其解读《高级英语》课文中有关转喻语句时不能及时做出回馈。对比来看,两组学生的转喻能力的培养效果是大相径庭的。

当然,这个转喻能力的培养步骤也存在一定问题。它包含了转喻的识别、解释等方面,但未提及生成与评价转喻的能力,也未牵涉从宏观与微观层面看待事物(此处主要指理解语篇)的能力。实际上,如前所示,评价转喻的能力是转喻能力的一个重要组成部分,对转喻的有效评价利于深层次地解读转喻。另外,在英语阅读过程中,每一个段落与整个语篇的"邻近性"关系是不言而喻的。因此,从宏观与微观层面看待事物的能力也应包括在转喻能力的培养方案中。

总起来讲,英语阅读教学中转喻能力的培养是一个相对复杂的过程。笔者认为,应该在充分考虑转喻能力涉及的五个方面的基础上采取渗透理论、强化意识、强调应用与注重系统观等四个策略[②],从而有效地培养学生的转喻能力。

(1) 渗透理论

转喻理论的渗透是培养学生转喻能力的第一步,点滴渗透理论有助于加深学生对转喻的认知,进而为理论的消化与应用打下基础。这些基本理论包括转喻的基本定义及运作机制、转喻的种类与转喻与隐喻的关系等。在阅读教学过程中,通过梳理已有转喻研究,教师应充分引导学生对转喻理论的理解与消化。转喻基本理论的输入有利于培养学生描写转喻、解释转喻与评价转喻的能力。只有了解转喻的概念内涵中涉及的理想化认知模式、部分—整体关系、邻近性与语境等重要参数,才能做到描写、解释与评价转喻。当然,渗透不是一步到位的,而是在教学过程中分阶段、分层次、分难度地传授给学生,并引导学生及时反馈转喻理论的学习效果,同时做好强化与巩固效果的准备。单纯渗透理论是不够的,还需要不断强化学生的转喻能力意识。

---

①   此处的转喻能力与本书中的转喻能力略有差异,不包括评价转喻的能力,不够全面。

②   这四个步骤同样适用于英语写作与翻译教学,只不过培养过程中的侧重点略有不同。

（2）强化意识

Carter(2003:42)指出，语言意识(language awareness)是语言学习者在学习过程中对语言的形式与功能逐步形成的一种高度意识和敏感性。转喻能力也可看作是一种语言意识，因而，转喻能力的培养是一个不断强化意识的过程。对意识的不断强化可有效促进语言学习。Kennedy & Trofimovich (2010)曾就语言意识与第二语言习得中的语音学习效果之间的关系作过详尽的研究，结果显示两者成正比关系。鉴于转喻能力在英语阅读中的重要角色，强化英语阅读教学中转喻能力的培养，可激发学生的阅读兴趣，丰富教学内容，进而提高英语阅读教学的质量。当然，强化是一个不断反复的过程，是在渗透理论基础上的再加强。在英语阅读教学过程中，教师应根据学生的记忆规律分阶段不断提醒学生，以加深其对转喻基本理论的掌握。具体来讲，强化意识的策略对培养学生的描写、解释与评价转喻的能力是大有益处的。同时，对转喻理论的熟识与强化更利于学生对转喻理论的应用。

（3）强调应用

理论与应用的关系是辩证的、互为依存的关系。理论学习与研究的最终落脚点在于理论应用。因此，转喻能力的培养不仅仅在于渗透转喻理论与强化意识，还应注重转喻理论的应用。这里的"应用"主要指转喻能力中的生成与运用转喻的能力。描写、解释与评价转喻只是为了深刻认识转喻现象，而不包括生成转喻表达。阅读是一种语言解码的认知活动，不太涉及语言编码。针对语篇中的转喻现象，阅读的主要目的在于识别转喻并理解转喻的意义。但阅读与翻译、写作是分不开的。英语阅读中，生成与运用转喻的能力可看作是描写、解释与评价转喻能力的后续能力，它们相辅相成，密不可分。因此，英语阅读教学中，教师既要注重渗透与强化，也应强调理论应用。具体来说，既引导学生对语篇中的转喻译出合理的译本，也引导学生在英语写作中注重转喻表达的使用以提高文章的文采。

（4）注重系统观

一般来讲，系统是由一些相互联系、相互作用的元素或部分所组成的，具有特定功能，能够造成某种结果的有机整体。可见，整体性是系统的一个重要特征。每一个英语语篇都是一个系统，由段落、句子、短语、词等组成。在一个段落或一篇文章中，每一处修辞，都是该段话、该篇文章整体修辞系统中的一个要素或部分。因此，它们都不是简单、孤立的，都与其他处存在着一定的联系(王玉仁，2010:84)。在解读英语语篇时，既要把握语篇的整体性，又要理清各个段落与整个语篇之间的关系，还要梳理每个段落与其中每个句子之间的深层联系，总之，要分清层次，由高层到底层、宏观到微观，逐层地去解读语篇的意义。这便涉及转喻能力的第五层面——上升到从宏观与微观层面看待事物的能力。英语语篇的构建取决于语篇的表层衔接与深层连贯。因此,英语阅读教学中,教师应从系统观的角度安排授课内容,引导学生注重语篇的整体与部分、宏观与微观层面之间的关联,进而对语篇做出合理的解读。实际上,英语阅读教学中系统观的培养不能仅仅局限于阅读本身,应扩大到认知世界万事万物的层面。

综上所述,以高级英语的阅读教学为例,转喻能力在英语阅读的教与学中都发挥着重要的角色。转喻能力的培养可以在很大程度上调动学生对阅读的兴趣,更能够从一个全新的角度看待语言,并能全面地理解英语语篇,从而提高教学效果。

第四节 批评转喻分析与英语写作教学

转喻能力对英语写作教学具有较大的启示意义。这主要体现在两个方面:一转喻能力在英语写作中的体现;二转喻能力在英语写作教学中的培养。

一、转喻能力与英语写作

如同英语阅读一样,转喻能力在英语写作中也起着至关重要的作用。作为语言产出(language production)[①]的一种形式,英语写作水平的高低受很多因素的影响,其中一个因素即是转喻能力。我们在英语教学实践以及评阅英语专业四级、八级试卷的过程中发现,无论是考试作文还是课堂作文[②],学生运用如转喻等修辞格的频率不高。这可能一方面是因为转喻能力的培养方面未受到足够重视,另一方面命题写作也会限制学生的写作思维,学生无法充分发挥其写作能力。

众所周知,修辞格的一个重要功能就是润色语言,增加文章的文采。因此,转喻的运用在一定程度上可以提升语言的艺术性。当然,转喻能力不仅仅局限于此。学生在写作时,尤其是做出转喻选择时,需要考虑很多因素。首先得明确自己出于什么修辞动机,即要表达的核心思想是什么(解释转喻的能

---

① 胡壮麟在其《语言学教程》的第一至四版中"心理语言学"或"语言与认知"一章中都把写作看作是语言产出的一种。

② 当然本书中的"课堂作文"主要指的是国内高校英语专业开设的英语写作课上要求学生写的作文。这与国外开设的"修辞与写作"课程中要求学生写的课程作业是大不相同的。笔者从在美国宾夕法尼亚州立大学访学的刘新芳老师提供的宾州州立大学开设的"修辞与写作"课程大纲中考察得知,这门课程在每周要求学生就某个专题写一个研究报告的基础上,让学生达到有策略、有深度、有说服力和有文采的写作水平(you'll come to write with skill, conviction, sophistication, and grace)。

力),更需明确要凸显的人或事物的哪一方面(描写转喻的能力),其次根据相关修辞情境做出合适的转喻选择(在语言实践中生成与运用转喻的能力)。再次依据艺术性、真实性、道德性与语篇性对自己所选的转喻进行评价(评价转喻的能力),从而斟酌所选转喻的可接受性与适切性。最后,结合转喻选择与整个文章之间的关系,从宏观层面考察转喻选择的必要性(上升到宏观与微观层面看待世界的能力)。可见,转喻能力的五个方面都渗透在英语写作中。当然,这里最核心的部分是生成与运用转喻的能力,因为英语写作本身就是一种语言产出。比如,在英语写作中若写出下面的段落,则表明转喻能力在作者的写作过程中发挥着重要的作用。

(8-1)"**Top seed Rafael Nadal** was sent crashing out of the Shanghai Masters in a dramatic day of action on Thursday, but defending champion Andy Murray survived a testing encounter to reach the quarterfinals. **World No 2 Nadal** lost 7-7 (5), 6-3 to Germany's Florian Mayer, edged out in a first set tiebreak and broken twice in the second set, stunning the crowd at the Qi Zhong stadium. Mayer made the crucial breakthrough in the seventh game of the second set to lead 4—3, and **the Spaniard** could not respond, broken again in the final game with the 15th seed taking his first match point."[①]

此段落中,首先,"Top seed Rafael Nadal""World No 2 Nadal"与"the Spaniard"这三个语言表达共存于关于"Rafael Nadal"的理想化认知模式之内,分别指代其大赛参赛身份、世界排名以及国籍,因此,构成三组转喻关系。其次,作者选取这些表达时体现着其鲜明的修辞动机:一丰富语言表达,避免单一化;二凸显 Nadal 在网坛的地位以及国籍。再次,这几个表达的选择较具艺术性,为文章增添了文采;也具真实性,如实反映了 Nadal 的个人特征;同时体现了语篇性,本身这些转喻关系就构成一种回指关系。最后,从宏观层面上讲,作者也顾及了这些表达在上下文中的适切性。总起来讲,转喻能力的这几个层面在英语写作中体现得较为全面与系统。当然,以上主要基于理论假设,具体的实践效果还要取决于教师对学生转喻能力的培训、学生的主观能动性以及其他相关因素。

---

① 摘自 http://www.chinadaily.com.cn/sports/2011-10/14/content_13897104.htm,
2011 年 10 月 14 日。

二、英语写作教学中转喻能力的培养

英语写作比运用母语写作难度更大,因为英语写作会受到第一语言(或母语)思维方式、认知结构、语言体系与社会文化类型迁移的影响。外语教育工作者应认识到第二语言写作的特点,在教学中运用一些富有创造性的语言理论指导学生写作。转喻理论可以被用来指导英语写作教学。教师应积极培养学生的转喻能力,树立他们写作的转喻观,以激励其把转喻运用到写作中去。上一节中提及的学生在做出转喻选择时所考虑的诸多因素,即转喻能力的诸方面在写作教学中的培养是较难操作的,因为这是一个循序渐进的过程。在英语写作教学中,教师同样应注重培养学生的描写、解释与评价转喻的能力。这些能力不能直接与英语写作相关,但会间接影响学生的写作水平。只有在描写、解释与评价的基础上,才能做出合适的转喻选择。实际上,英语写作中体现的核心转喻能力(生成和运用转喻的能力)可体现为一种回指意识。回指是指如下的一种语言现象,即一个(往往是简略的)语言表达式用来指代同一篇章中(通常是上文已出现过的,但也不排除是下文中的)另一个语言表达式所表达的事物或意义(许余龙,2004:1)。在英语写作中,构成回指关系的前后两个相关表达往往会形成一种转喻关系,即其中一个语言表达构建某种理想化认知模式,而另一个语言表达则是这个理想化认知模式的次模式①。一般来讲,英语是一种形化的语言,忌讳重复,因此,选用一个语言表达转喻地指代另一个语言表达可以有效避免这种重复。在英语教学实践中,我们发现,某些学生在英语作文中频繁使用同一个语言表达,这与英语语篇的写作特点是相悖的。因此,若在写作教学中引入这种"转喻式"回指意识,可引导学生在经过转喻描写、转喻解释与转喻评价的心理处理后从而在写作中选择恰当的转喻表达,以做到文辞简洁,进而在一定程度上提高学生的写作水平。胡曙中(2004:48)曾指出,好的语篇应该简洁。"简洁"指的是不要浪费词语,但仍要包括有助于意思表达清楚的具体和特定的细节。此处的"细节"既包括转喻式表达。

除此之外,转喻能力在英语写作教学中体现最明显的应该是从宏观与微观层面看待世界的能力②。目前,各种英语测试(包括高考英语考试、CET-4、CET-6、TEM-4、TEM-8 等)中常见的段落分布还是以"三段论"为主。对于英语写作教学来说,有人认为,"三段论"的写法过于死板,会扼杀学生的想象力和创造力,无法写出"花哨"的文章。实际上,这种观点有些偏激。这种"三段

---

① 参看李克、卢卫中:《英语语篇名词回指的转喻研究》,《外语研究》2008 年第 2 期。

② 这里专指从宏观与微观层面看待语篇能力。

论"固然重要,但关键在于需要从宏观上理清文章的主题与每一段的紧密关系,以及从微观上找准每一段落与其内部句子的归纳或演绎的内在关系。如果把文章主题看作是一个 ICM,那么每一段都是这个 ICM 的次模式。因此,教师在教学中应积极引导学生把握好每一段落与文章主题的部分—整体的互动关系,理清所写文章的脉络,从而给读者提供一种清晰的思路。

总之,转喻能力对英语写作是至关重要的。如同英语阅读教学一样,在教学中培养转喻能力需要一个点滴渗透、循序渐进的过程。

第五节　批评转喻分析与翻译教学

本书中的翻译教学既包括英汉翻译教学,也包括汉英翻译教学。批评转喻分析与翻译教学的启示意义主要在两方面:一转喻能力在翻译中的体现;二转喻能力在翻译教学中的培养。

一、转喻能力与翻译

简而言之,翻译是一个由源语到目标语的转换过程。为使源语和目标语的之间的转换有一个标准,减少差异,尤金·奈达从语言学的角度出发,根据翻译的本质,提出了著名的"动态对等"翻译理论,即"功能对等"。在这一理论中,他指出"翻译是用最恰当、自然和对等的语言从语义到文体再现源语的信息"(郭建中,2000:65)。当然,语言转换的过程会牵涉很多因素,如文本相关的社会文化因素、译者的主观能动性、译者对读者因素的考量等。转喻能力也是翻译过程中涉及的一个重要因素。鉴于翻译与阅读、写作之间存在的差异,翻译中转喻能力的体现会略有不同。第一方面——描写转喻的能力在翻译中主要表现为识别源语中的转喻。译者在识别出具体的转喻关系后应该分析该转喻用法背后的概念转喻,从而对该转喻关系做出正确的解读以了解原文作者的修辞动机,这便是第二方面——解释转喻的能力在翻译中的体现。当然,对转喻关系的解释过程中,具体来讲,在透析原文作者的修辞动机过程中,需要考虑转喻涉及的修辞情境。第三方面——评价转喻的能力在翻译过程中体现得不明显,至多体现在对译文中转喻的喻体或喻标依据相关标准进行一定的评价。第四方面——生成和运用转喻的能力体现在翻译中主要是指译者在目标语中对源语的转喻表达的翻译,具体来说,主要涉及喻体与喻标。第五方面——上升到从宏观与微观之间的关系看待世界的能力在翻译中主要表现为依据语境从宏观上把握译文的可接受性与适切性。

由此可见,翻译中的转喻能力主要体现在对源语中出现的转喻进行翻译的过程中体现的转喻能力。当然,一个至关重要的因素是转喻出现的修辞情境（主要指包括社会文化因素在内的社会语境以及言内语境）。卢卫中（2011：65）基于源语中出现的转喻所附的文化负荷轻重，指出译者可以分别采用以下翻译转换策略：（1）对于源语与目标语中的喻体与喻标相同的情况，可以直接采用目标语的对应喻体；（2）对于源语与目标语的喻体不同而喻标相同的情况，可以采用目标语的特有喻体；（3）对于目标语的喻体空缺而源语与目标语的喻标相同的情况，至少有三种选择：为了保留源语的文化特色，可以采用"源语喻体＋喻标"或者"源语喻体＋注解/译者按语"的方法；否则，对于不宜采用这两种处理方式的情况，译者可以舍弃源语的喻体，而直接将源语的喻标翻译出来。这个转喻的翻译策略所关注的核心因素是源语与目标语对比后显示的文化差异。比如：

　　（8-2）Kissinger felt the massive bombing would strengthen the President's hand in China. —Kissinger

　　　　基辛格觉得这场大规模的轰炸会使总统在中国的腰杆子硬一些。（许渊冲译）

在英语语言文化中，手是人在发力时的一个突出部位；而在汉语言文化中，腰是人在发力时的突出部位（这种区别可能跟中国武学与西方拳击理论的不同有关）（谭业升，2011：469）。在翻译过程，译者首先需要识别出"hand"的转喻用法，然后依据修辞情境（主要指英汉文化背景）的不同，将此用法归入"源语与目标语的喻体不同而喻标相同的情况"，并对此转喻用法做出了合理的解释（在译者心中，"手"与"腰杆子"共同的喻标是"影响力或控制力"），从而将"hand"译为"腰杆子"。宏观上看，对此转喻用法的翻译符合艺术性、真实性、语篇性等标准。

　　由上可见，转喻能力无形地渗透在翻译过程中，导引译者做出合理的选择。

二、翻译教学中转喻能力的培养

　　鉴于转喻能力在翻译中的重要性，因此，有必要在翻译教学中培养学生的转喻能力。如同英语阅读与写作教学中转喻能力的培养策略一样，转喻能力在翻译教学中的培养也是一个循序渐进的过程。在此过程中，要训练学生在分析源语文本时依据识别转喻的参数，有意识地对文中是否出现转喻用法做出合理判断。如果结论是肯定的，则指导学生根据源语与目标语文化之间的差距以及语境对此转喻用法做出进一步的解释，从而依据合理的转喻翻译策略译出较为恰当的语言表达，同时引导学生从宏观层面对此译法作深入的评价。如果结论是否定的,则无需进行下一步的转喻解释。

翻译教学中转喻能力的培养要求教师对教学大纲、教学目标、教学内容等做一定的调整。鉴于转喻在源语文本出现的几率不稳定,因此,教师则可以根据实际情况有针对性地在整个课程教学过程中渗透转喻能力的培养。所谓"有针对性"指的是对涉及源语中含有转喻用法的情况,教师要集中讲解转喻的相关理论,并传授合理的转喻翻译策略。当然,能力不是一朝一夕就能培养的,需要点滴渗透。比如,遇到类似下例的情况,教师要引导学生对转喻用法做出合理的解释以及恰当的译法。

(8-3)Barca's loss has been Real's gain, and although Figo has not reproduced the sparkling form of his days in the granite and blue stripe, he has proved to be agile—edged asset to the Whites.[①]

如果把这段文字译为:"巴萨的损失使王室获利,虽然费戈并不像穿蓝红间条纹时那么有成就,对白人来说,他还是个宝物。"那么读者就会产生很多疑问:巴萨、王室各指代什么?为什么巴萨的损失会使王室获利?为什么费戈对于白人来说是个宝物?这样的译文显然是让读者琢磨不透的。此时,教师应尽力激活学生的西甲足球常识。一般来讲,Barca 和 Real 分别是巴塞罗那和皇家马德里的简称,而巴塞罗那的球服是蓝红间条纹的,因此源语文本中的 the granite and blue stripe 就是转喻地指代巴塞罗那足球队(在"巴塞罗那队"的理想化认知模式里,"蓝红间条纹球衣"是其中一个次模型,正是这个次模型转喻地表征整个模型),而皇家马德里的球服是白色的,因而 the Whites 在此转喻地指代皇家马德里足球队。结合以上分析,在"事物的一部分来代整个事物"转喻关系的"暗箱"操作下,这句话可译为:巴塞罗那的损失使皇家马德里获利,虽然费戈并不像在巴萨时那样有成就,但对皇马说,他还是个宝物。上文将"the granite and blue stripe"与"the Whites"译为"巴萨"与"皇马"可体现原文作者的修辞动机,即吸引球迷读者的注意力。在球迷心中,巴萨与皇马是两个响当当的名字,他们球服的格调与样式早已深入人心,成为球队的标志性特征。同时,这样的译文也符合真实性(两队的球服与球队之间的关联是真实的)、艺术性("巴萨"与"皇马"的译文也体现了两队球服的艺术性特征)与语篇性(巴萨与巴塞罗那以及皇马与皇家马德里之间分别构成一种衔接性关系)标准。

而对于那些源语中未含转喻用法的情况,转喻能力的培养对翻译能力的

① 摘自赵春丽、李晓玲:《夜谈足球英语词语的汉译》,《作家》2010 年第 8 期。

提高也是有益的。教师应培养学生从宏观与微观看待问题的能力,即结合社会语境与言内语境对相关译文做出合理的评价。一方面,应训练学生基于目标语文本的部分(词、短语、分句、句子甚至段落)看其在整个文本中的角色,并从整个文本看待部分是否适合上下文的语境;另一方面,不能仅仅局限在文本本身的翻译而要把它放到大环境中去,看其在社会文化背景中的适切性。

　　总之,翻译中体现的转喻能力既有助于转喻用法本身的翻译,也适用于非转喻用法的翻译。因此,在翻译教学中,这种能力的培养显得至关重要。

第六节　小结

　　本章中,我们主要就批评转喻分析对英语教学的启示意义做了较为详尽的阐述。基于以往转喻能力研究以及批评转喻分析的“三步走”分析步骤,我们对转喻能力做了详尽的定位。本书中的转喻能力既包括批评转喻分析的三个方面,即描写转喻的能力、解释转喻的能力与评价转喻的能力,也包括生成与运用转喻的能力,甚至还包括上升到宏观与微观之间的关系看待世界的能力。这个“转喻能力”是较为具体和全面的,可以看作是本章的一个创新点。另一方面,基于研究目标的明确性以及转喻能力培养的可操作性,我们选取了英语阅读、写作与翻译教学作为考察对象,探讨转喻能力分别在英语阅读、写作与翻译中的体现,也涉及了英语阅读、写作与翻译教学中转喻能力的培养策略。实践证明,转喻能力在英语教学中起着非常重要的作用,可以有效地提高学生的学习兴趣,从而实现教学相长,改善教学效果。当然,转喻能力可否体现在英语听力及口语学习中,以及有无必要在英语听力及口语教学中培养学生的转喻能力,这都是今后进一步的研究方向。

第九章 结 论

第一节 本书的核心观点

本书的主要研究对象是转喻现象,依据的理论框架则是修辞批评。如何基于修辞批评理论对转喻进行系统的分析与评价是本书的核心研究思路。对转喻以及修辞批评进行合理的界定后,本书认为,对转喻的修辞批评研究主要在于通过描写转喻的凸显性特征构建的辞屏,结合转喻相关的修辞情境揭示转喻选择所体现的、语篇构建者的修辞动机和一定的意识形态意义(包括强式意识形态和弱式意识形态意义),进而揭示语篇构建者对受众进行劝说并达成同一的意图。本书中的"转喻"是一种基于邻近性的、相关概念实体的理想化认知模式中部分与整体以及部分与部分之间的互动关系。另外,修辞批评在本书中也不单单指某一个批评模式,而是一种依据相关修辞理论对劝说性语篇和言语产品(包括口头和书面语篇)所作的系统的分析与评价过程,这种修辞批评是一种狭义的修辞批评。依据修辞批评的内涵,对转喻的修辞批评是依据相关修辞理论(主要包括辞屏、修辞情境、修辞动机、修辞劝说与同一)对语篇(主要指包括政治演讲语篇、体育新闻语篇和广告语篇在内的劝说性语篇和其他言语产品如文学语篇)中的转喻现象所作的系统分析与评价过程。在对理论进行深层次糅合的基础上,本书将这种研究范式定义为"批评转喻分析"。本书将修辞批评的分析步骤整合为描写、解释与评价,因此批评转喻分析也相应采取转喻描写、转喻解释与转喻评价三个步骤。转喻描写主要包括转喻识别与辞屏解析两个层面。转喻解释则指在转喻描写的基础上,从修辞情境、修辞动机与意识形态三个方面对转喻进行系统的分析。如果把转喻描写看作是批评转喻分析的起步阶段,那么转喻解释就是批评转喻分析的核心阶段。转喻评价主要指依据相关标准如艺术性、真实性、道德性与语篇性对转喻进行系统的评价,旨在对转喻描写与转喻解释的结论进行总结,并揭示说写者对听读者进行修辞劝说并实现两者之间的"同一"的修辞动机,这即是批评转喻分析的终极目标。

批评转喻分析不仅可用于相关语篇中转喻现象的分析与评价,其对英语教学也具有重要的启示意义,主要体现在英语阅读、写作与翻译教学中。这种启示意义主要体现在基于批评转喻分析构建的转喻能力对英语教学的借鉴意义。

因此,本书的核心观点可总结为:转喻的修辞批评研究即批评转喻分析采取的转喻描写、转喻解释与转喻评价等三个分析步骤不仅可对转喻进行系统的分析与评价,而且对外语教学实践有较大的启示意义。

第二节 本书的主要贡献

在构建修辞批评的理论框架进而对转喻进行分析与评价的过程中,本书主要在以下几个方面作出了富有创新意义的探索。

(1)合理界定了关键术语"转喻"。为了顺利地实现研究目标,本书对研究对象——转喻首先进行了界定。通过对转喻作为一种修辞格和认知工具的国内外研究现状的梳理得出邻近性、理想化认知模式、部分—整体和部分—部分之间的互动关系是界定"转喻"的三个重要参数。因此,经过反复推敲与论证,"转喻"可界定为:一种基于邻近性的、相关概念实体的理想化认知模式中部分与整体以及部分与部分之间的互动关系。这一定义较为清晰地标明了转喻的基本特征。本书中的"转喻"主要作为一种语篇分析的语料。

(2)明确了本书的理论框架——"修辞批评"的内涵与外延。"修辞批评"是一个较为模糊的概念。本书选取了国内外各几个较具代表性的"修辞批评"的定义版本进行对比与分析,经过分析与论证,区分出了广义的修辞批评与狭义的修辞批评。广义的修辞批评是对象征行为或象征系统所作的系统的分析与评价过程;狭义的修辞批评则是一种依据相关修辞理论对劝说性语篇和言语产品(包括口头和书面语篇)所作的系统的分析与评价过程。鉴于本书的研究对象是转喻现象,因此,文中的"修辞批评"是一种狭义的修辞批评。除了定义之外,功能与模式也是修辞批评的内涵的组成部分。修辞批评的功能也分为广义的修辞批评功能与狭义的修辞批评功能。涉及本书的研究对象,狭义修辞批评功能主要包含三个方面:一是通过描写劝说性语篇和言语产品的语篇特征揭示其有别于其他语篇类型和言语产品的独特之处;二是解释劝说性语篇和言语产品与其产生的社会文化背景之间的关系进而揭示其背后潜藏的修辞动机与意识形态;三是增进语篇分析者或读者对劝说性语篇和言语产品的分析与评价意识,提高其观察力和评判力。涉及模式,本书将修辞批评模式分为传统修辞批评与新修辞学批评。严格意义上讲,本书中的修辞批评不涉及哪一种具体的分析模式,只是一种理论框架。关于修辞批评的外延,本书重点介绍了修辞批评的分析步骤,在反复推敲与论证以往研究的基础上,本书认为,以往的分析步骤存在重合、不够明确等情况,修辞批评应采取描写、解释与评价三个步骤。

(3)构建了"批评转喻分析"的理论框架。"批评转喻分析"的提法是本书的一大创新点。批评转喻分析的提出一方面是基于批评隐喻分析的理论启示。批评隐喻分析为本书提供了重要的理论参考价值,尤其是此理论提及的隐喻识别、隐喻解释与隐喻阐释的分析步骤。另一方面是基于修辞批评的理论框架,文中的修辞批评是一种狭义的修辞批评。依据狭义的修辞批评概念,加之"批评"与"转喻"的内涵意义,本书拟将批评转喻分析界定为:一种依据相关修辞理论对语篇中的转喻现象所作的系统分析与评价过程。批评转喻分析应该有其对象、功能与步骤。基于本书界定的修辞批评的理论框架,加之对以往相关研究的梳理与归纳得出批评转喻分析的批评对象不能涵盖所有的语篇类型,主要类型包括政治演讲语篇、体育新闻语篇与广告语篇等在内的劝说性语篇,也包括文学语篇为主的其他言语产品。批评转喻分析应该包含四种功能。一通过描写转喻的"凸显性"特征进而揭示其构建的辞屏;二解释转喻选择与其蕴含的社会文化背景之间的关系进而揭示其体现的修辞动机与意识形态意义;三增强语篇分析者或读者对转喻的批评性意识,进而培养其批评性语言意识;四培养语篇分析者或读者的转喻能力。关于分析步骤,本书将批评转喻分析主要分为三步:转喻描写、转喻解释与转喻评价。这个理论方法的整合打破了以往转喻研究局限在语言领域的现状,尝试在西方修辞学的视域下对转喻进行了系统的研究,可看作是一种跨学科的研究思路。

(4)基于相关西方修辞学理论详尽界定了批评转喻分析的分析步骤。鉴于修辞批评隶属于西方修辞学的大范畴,本书选取了辞屏、修辞情境、修辞动机、修辞劝说与同一等西方修辞学理论作为"相关修辞理论"的重要组成部分,从而找准了批评转喻分析的坚实理论依据。这些修辞学理论贯穿在转喻描写、转喻解释与转喻评价这三大步骤中。具体来讲,转喻描写主要包括转喻识别与辞屏分析两部分,这一步骤主要在于基于邻近性、理想化认知模式、部分与整体以及部分与部分之间的互动关系、语境等参数识别转喻现象,并解析转喻的凸显性特征构建的辞屏,这是批评转喻分析的第一步,为转喻解释与转喻评价做好理论铺垫。转喻解释则主要依据转喻相关的修辞情境(包括社会语境与语境)对转喻描写的结果进行分析进而揭示语篇构建者的修辞动机与意识形态意义(本书将意识形态分为强式意识形态与弱式意识形态,一定程度上修辞动机与意识形态尤其是弱式意识形态是相通的)。修辞情境、修辞动机与意识形态三个参数的引入充实了转喻解释的过程,强化了转喻解释的效力。

转喻评价则依据相关标准对转喻进行系统的评价,旨在对转喻描写与转喻解释的结论进行总结并揭示语篇构建者对受众进行修辞劝说并达成同一的意图。

(5)依据批评转喻分析的理论框架,合理界定了"转喻能力"。与批评转喻分析紧密相关的是转喻能力,它是批评转喻分析的具体应用价值。转喻能力应该包括五个方面,可以提炼为:①描写转喻(转喻识别与解读转喻构建的辞屏)的能力;②解释转喻的能力与速度;③评价转喻选择的能力;④在语言实践中生成与运用转喻的能力;⑤上升到从宏观与微观之间的关系理解世界的能力。这个"转喻能力"是较为具体和全面的,是本书的实践价值的一个创新点。这五个方面对英语阅读、写作与翻译教学将具有一定的指导意义。研究表明,转喻能力在英语教学中起着非常重要的作用,可以有效地提高学生的学习兴趣,从而实现教学相长,改善教学效果。

第三节 问题与展望

本书主要基于修辞批评的理论框架对转喻进行了较为系统的研究,为确保论证的缜密性与充分性,在理论阐述与论证方面占用了较大篇幅。当然,在论证中也恰当地选用了一些语言实例加以佐证。由于本书认为批评转喻分析的研究对象主要集中在政治演讲语篇、体育新闻语篇、广告语篇等劝说性语篇和文学语篇中,文中所选的语料也主要局限在这些语篇中。实际上,转喻不仅仅局限于这些语体中,也存在其他语体中,比如娱乐新闻语篇。批评转喻分析对其他语体的解释力是值得考究的,篇幅原因,本书未作进一步的阐述。另一方面,在语料的组织上,本书做得有些不充分,未能系统的对语料进行分类与分析,只是在涉及相关理论时依据强度抽样原则选取一定的语料加以论证。比如在第六章转喻解释中,提及修辞情境在转喻解释中的角色时便以布什与奥巴马对"9·11"事件的讲话为例进行引证与分析;提及修辞动机在转喻解释中的作用时便另外援引《中国式离婚》中的一段对话为证并加以论证;同样的,提及意识形态时则又同样地提取其他相关语言实例并加以分析。这种对语料零散组织的处理策略会对本书的整体论证效果有一定的消极影响。因此,要通过具体的语篇分析来检验批评转喻分析的可操作性和解释力,可依据定性研究方法中的强度取样原则,选取政治语篇、体育新闻语篇、广告语篇以及文学语篇中的几个代表性文本集中进行应用分析,这种处理理论与语料的方法则可更有效地提高语篇分析的信度。

本书提及的一些概念也需要进一步推敲与论证。本书将修辞批评分为广义修辞批评与狭义修辞批评,也将修辞情境以广义与狭义加以区分。广义与狭义本身是一组相对的概念,其分类本身存在一定的主观性和局限性。很难以一种客观的标准区分广义与狭义,因此,在界定时需要反复斟酌与选择恰当的标准。本书尝试提出了"批评转喻分析"的研究范式,这个范式的提出一方面是基于修辞批评的理论背景,在构建的过程中,西方修辞学中的诸多修辞理论也起到了举足轻重的辅助作用,因此,它拥有着西方修辞学的烙印;另一方面是基于批评隐喻分析的理论启示,批评隐喻分析则与西方修辞学表面上似乎没有多大关联,本书通过论证找到了两者的内在关联,因此,"批评转喻分析"的提法是有理据的。但正如修辞批评与隐喻会整合出隐喻批评,修辞批评与转喻的融合可否称为"转喻批评"? 这是个需要进一步推敲的理论问题。同时,本书已对批评转喻分析的对象、功能、分析步骤等均做了较为合理的论述,这在一定程度上是依照修辞批评的研究思路进行的,因此,批评转喻分析可否跟其他修辞批评模式一样,固化为一种修辞批评模式呢? 这也是今后应该继续关注与探讨的问题。

涉及批评转喻分析的应用价值,考虑到研究目标的可操作性等因素,本书主要讨论了其在英语阅读、写作与翻译教学中的启示意义。批评转喻分析在英语听力教学与口语教学也应有一定的启示意义,只不过这两种教学具有直观性较差与可操作性较烦琐的特点,因此,在实际教学实践中,教师对培养学生的转喻能力方面存在一定的困难。本书对此虽对未作论述,但转喻能力并非对英语听力理解水平和口语水平的提高没有任何作用,也并非在英语听力与口语教学中无法培养学生的转喻能力。总之,此方面亟待进一步的探索与考察。

此外,修辞批评理论对转喻的研究策略可架起一座西方修辞学、传统修辞学与认知语言学的"理论桥梁"。批评转喻分析研究范式既吸纳了传统修辞学对转喻的"修辞格"定位以及认知语言学对转喻的"认知"内涵界定,也融合了包括辞屏、修辞情境、修辞动机、修辞劝说、同一等在内的西方修辞学的重要修辞学理论,更融进了批评性语篇分析的某些分析步骤如解释步骤,这是一种跨学科的研究方法。王寅(2010)曾经通过探讨认知语言学与修辞学①在学科设置、学理分析、分析方法与研究内容等方面上的相同点提出建立"认知修辞学"的尝试。一定意义上,本书的研究从宏观层面上可为认知修辞学的发展提供一种有益的研究路径。王寅(2010:53)还语重心长地说:"当前学界(包括汉语界和外语界)研究方向应将'形而下'坚定不移地与'形而上'紧密结合起来,

---

① 此处的"修辞学"指的是我国学科设置中归属于二级学科——语言学之下的三级学科——修辞学,主要指汉语修辞学,当然也应包括西方修辞学。依据对此书的解读,此处过多偏向于汉语修辞学。

既要关注语言现实,更要重视理论探索。因此,未来修辞学研究也应当定位于理论研究。"本书在批评转喻分析方面的探索过多地属于修辞学理论研究的领域,开拓了今后修辞学的理论创新的研究思路,为修辞学与其他学科的融合做出了一定贡献。

附　录

附录 1:J. J. A. Mooij 关于隐喻成立的条件的论述

I shall try to summarize now my provisional delimitation of the extension of the extension of "metaphor".

One or more words W used in an utterance (of one or more sentences) can be classed as metaphorical if and only if:

(a) The linguistic context and/or the non-linguistic situation (inclusive of speaker, circumstances, audience, etc.) make it clear that the utterance is substantially about a certain subject, A.

(b) The words W, whose metaphoricalness is under discussion, have a field of literal descriptive meaning, F, determined by semantical conventions (often relative to the context and/or the situation).

(c) These words W are used in the utterance in such a way that at least part of their function seems to be a direct description, characterization, indiction, etc. of certain asoects of A.

(d) Although A and F may be only vaguely circumscribed, it has to be clear that the aspects of A meant in (c) do not show the features F.

(e) Nevertheless, the utterance is not to be interpreted as simply false, inappropriate or nonsensical (which it would be on the basis of a literal reading of W), because it is understandable as a significant contribution to the discussion about A. That is, the metaphorical words not only *seem to* give information about A, according to (c), but they actually help to do so. This requires a variant readings of W which, however, does not depend on a shift based on relations of contiguity (between cause and effect, vessel and contents, part and whole, and the like) or on specific factores like exaggeration or reversal of meaning.

附录 2：宾夕法尼亚州立大学 2011 年秋季 "修辞与写作"课程教学大纲

English 15：Rhetoric and Composition

Fall 2011，MWF

Instructor：	Office Location：
Section：	Office Hours：
Classroom/Time：	Contact：

Course Goals

Developing skill and expertise in reading and writing means studying reading and writing together；therefore，English 15 is an intensive，rhetorically based experience in reading and writing that prepares students to understand the communications that surround them and to succeed in their own communication efforts. In this course，we will focus specifically on analyzing verbal and visual texts（our reading）as well as on producing such texts（our writing）—always in terms of traditional rhetorical principles.

Even if the term *rhetoric* isn't familiar to you，the practice of rhetoric is. In fact，you bring a good deal of rhetorical skill to this class：you already know how to gauge the way you perceive and produce language according to the speaker，the intended audience，and the purpose. You may not always gauge perfectly，your perception may not always be accurate，and your production may not always be successful—but you often think to interpret and choose language in ways that are appropriate to the rhetorical situation. You already know how to use language to make knowledge.

The goal of English 15，then，is to help you build on what you already know how to do as you become a stronger，more confident，more resourceful，and more flexible reader and writer. You will become more attuned to your goals as a writer，more aware of the on-going conversation surrounding the topic，and more resourceful in terms of the appropriate delivery of your information，the rhetorical appeals at your disposal，and the needs and expectations of your audience. In other words，we hope you'll come to write with skill，conviction，sophistication，and grace—if not immediately，then soon. In the process，you'll learn how to read more critically as well.

Required and Recommended Texts

- *The Harbrace Guide to Writing* (Concise Second Edition) by Cheryl Glenn
- *Penn Statements*
- A good college dictionary (recommended)
- A good college handbook, such as *The Harbrace Essentials* (recommended)
- The Penn State Libraries' Course Guide for English 15, found at http://www.libraries.psu.edu/psul/course/up/ah/eng015.html (recommended research resource)

Requirements

To pass this course you must complete all the major assignments, fulfill all the weekly assignments, and submit all the writing assignments on time. You are expected to attend all class meetings and to participate in draft workshops, in-class exercises, and classroom discussions. All proposals, drafts, papers, and revisions must be handed in on time; failure to turn in a proposal on time, or to appear at a draft workshop without a draft is equivalent to turning in an assignment late (i.e., normally a penalty of one grade per late day).

Grading

Paper 1	Narrative or Memoir	10%
Paper 2	Definition Paper	15%
Paper 3	Critical Review (Evaluation)	15%
Paper 4	Proposal Paper	15%
Paper 5	Counter-Argument	20%
Portfolio of Revisions (with cover letter)		10%
Participation		15%

(Participation includes attendance, discussion, in-class writing, and group work.)

Attendance

Your success and the success of this course depend on your active participation; therefore, your regular attendance is required. Excused absences are certainly appropriate, and of course you should communicate with me about your absences as much as possible. Be aware, though, that University policy (*Policies and Rules*, 42-27) states that a student whose absences are excessive "may run the risk of receiving a lower grade or a failing grade," regardless of his or her performance in the class. *You run that risk if you exceed three unexcused absences for a MWF class or two unexcused absences for a TR class.* If you miss a class, it is your responsibility to get the assignments, class notes, and course changes from a classmate. In addition, if you miss class on a day that written work is due, make arrangements to send that work along with a classmate. In-class work cannot be made up.

Office Conferences

Plan to have *at least* two conferences with me this semester to discuss your written work (at any stage of the process) and your progress in the course. At least one of these meetings should take place in the first ten weeks of the term; I will normally meet with you in the last weeks of the course only if I've met with you already at least once. Also consider taking your ideas and your written work to Penn State Learning for writing support (220 Boucke, 863-3240), where trained peer tutors will consult with writers about any piece of writing at any stage of the writing process, from rough idea to final draft. For more information about the writing center, use following link: http://pennstatelearning.psu.edu.

Plagiarism

Plagiarism is the intentional act of using another person's words or ideas as your own without attribution. It is a breach of academic integrity. The departmental policy on plagiarism is available online at 〈http://www.la.psu.edu/undergrad/integrity/studentpolicy/collegepolicy.htm〉. If you have any questions about plagiarism and its consequences (or about any other aspect of academic integrity), please ask. Because plagiarism demonstrates contempt for ethical standards, your instructor, and your peers, if you are caught plagiarizing, you risk failing the course. You may also be referred to the Office of Judicial Affairs, and this may result in probation, suspension, or expulsion.

Format

Choosing a format is a rhetorical decision—it's all about delivery. So keep in mind that your papers should typically be typed, printed in dark ink, and double-spaced, with one-inch margins. Place your name, the date, and the instructor's name in the upper left-hand corner of the first page. Number all of the pages, except page 1. Fasten the pages with a paper clip (never a staple). Place the paper in a folder, and also include earlier drafts and peer review activities in the folder.

Statement on Nondiscrimination

The Pennsylvania State University is committed to the policy that all persons shall have equal access to programs, facilities, admission and employment without regard to personal characteristics not related to ability, performance, or qualifications as determined by University policy or by state or federal authorities. It is the policy of the University to maintain an academic and work environment free of discrimination, including harassment. The Pennsylvania State University prohibits discrimination and harassment against any person because of age, ancestry, color, disability or handicap, national origin, race, religious creed, sex, sexual orientation, gender identity or veteran status. Discrimination or harassment against faculty, staff, or students will not be tolerated at The Pennsylvania State University.

Note: The Pennsylvania State University encourages qualified persons with disabilities to participate in its programs and activities. If you anticipate needing any type of accommodation in this course or have questions about physical access, please tell the instructor as soon as possible.

Submissions to Penn Statements

The editors of *Penn Statements* encourage students to submit essays for possible publication in this student journal. Submissions are accepted on a rolling basis and can be sent electronically to PennStatements2012@gmail. com. Please include the title of the essay, the assignment it satisfied (very important!) and a release statement, along these lines: "I, ⟨name⟩, give permission to *Penn Statements* to publish my essay, "⟨essay⟩."

Course Schedule

Key: PS: *Penn Statements*, Spring 2011 edition. **HGW:** *The Harbrace Guide to Writing*, Concise Second Edition, by Cheryl Glenn.

Week 1

Date	Day	Topic	Reading Due	Writing Activities
Part One—Planning and Invention				
8/22	M	Course Introduction		
8/24	W	Rhetorical Situation; Why Write?	*HGW* Ch. 1 (Understanding the Rhetorical Situation: pp. 3-28)	Draft proposal for project 1.
8/26	F	Fitting Response and Available Means	*HGW* Ch. 2 (Fitting Response: pp. 29-58)	

Week 2

Date	Day	Topic	Reading Due	Writing Activities
8/29	M	Writing Narratives and Memoirs	*HGW* Ch. 3 (Memoirs: pp. 64-75 and 91-103); Narration, pp. 317-318	Proposal due for project 1.
8/31	W	Memoirs and Narratives; Interviewing as Invention	*PS*: read the narratives and memoirs.	
9/2	F	Memoirs, cont'd. Drafting and Revising	*HGW* Ch. 9 (Drafting and Revising: pp. 296-305 and 321-327) and Ch. 3 (pp. 84-90)	

Week 3

Date	Day	Topic	Reading Due	Writing Activities
9/5	M	NO CLASS	LABOR DAY	
9/7	W	Peer Review Workshop	Remember to visit the Libraries' Open House today or tomorrow, 10 am-6 pm!	Rough Draft: Personal Narrative (or Memoir)
9/9	F	Building Ethos: Research	*HGW* Ch. 11 (Research and the Rhetorical Situation: pp. 350-361)	Project 1 due.

Week 4

Date	Day	Topic	Reading Due	Writing Activities
9/12	M	Building Ethos: Research	*HGW* Ch. 12 (Research in the Library and Online: pp. 363-373)	

Part Two—Arrangement

Date	Day	Topic	Reading Due	Writing Activities
9/14	W	Definition; Principles of Arrangement	Supplementary Reading #1 (PDF)	
9/16	F	Definition	*HGW* Ch. 9 (Definition pp. 306-310)	Proposal due for project 2

Week 5

* Work on revision of project 1

Date	Day	Topic	Reading Due	Writing Activities
9/19	M	Definition	*PS*: read the definition items	
9/21	W	Peer Review Workshop		Rough Draft: Definition
9/23	F	Analyzing Visual and Verbal Culture		

Week 6

Date	Day	Topic	Reading Due	Writing Activities

Part Three—Style and Argument

Date	Day	Topic	Reading Due	Writing Activities
9/26	M	Principles of Effective Sentencing		Project 2 due; Revision of project 1 due
9/28	W	Evaluating Visual Culture	*HGW* Ch. 8 (Reviewing Visual Culture: pp. 260-273)	
9/30	F	Evaluating Visual Culture; Sentences	*HGW* Ch. 8 (Reviewing Visual Culture: pp. 274-294)	

Week 7

Date	Day	Topic	Reading Due	Writing Activities
10/3	M	Critical Review (Evaluation)	*PS*：read evaluation papers	
10/5	W	The "Value Topics"; Effective Sentences		Proposal due for project 3：Critical Review (Evaluation)
10/7	F	Reviews in Popular Culture; Sentences		

Week 8

*Work on revision of project 2

Date	Day	Topic	Reading Due	Writing Activities
10/10	M	The Value Topics in Your Project 3; Sentences		
10/12	W	Peer Review Workshop		Rough Draft：Critical Review (Evaluation)
10/14	F	Peer Review Workshop on Sentences		Bring in 1-3 paragraphs from your critical review rough draft

Week 9

Date	Day	Topic	Reading Due	Writing Activities
10/17	M	Style, continued		Project 3 due; Revision of Project 2 due
10/19	W	Proposals	*HGW* Ch. 7 (Responding with Proposals：pp. 224-259)	
10/21	F	Proposals, cont'd. Style, continued	*PS*：Read the proposals	

Week 10

* Work on revision of project 3

Date	Day	Topic	Reading Due	Writing Activities
10/24	M	Proposals, cont'd		Proposal due for project 4
10/26	W	Multi-lingual context; Style, continued	*HGW* Ch. 6 (Responding with Position Arguments: pp. 178-223)	
10/28	F	Available Means: Definition and Comparison	*HGW* Ch. 9 (Rhetorical Methods of Development: pp. 306-320)	

Week 11

Date	Day	Topic	Reading Due	Writing Activities
10/31	M	Peer Review Workshop		Rough draft due for project 4
11/2	W	Peer Review Workshop on Style		Bring in 1-3 paragraphs from your rough draft
11/4	F	Style and Tone		Project 4 due; Revision of project 3 due

Week 12

* Work on revision of project 4

Date	Day	Topic	Reading Due	Writing Activities
11/7	M	Investigative Reporting	*HGW* Ch. 5 (Responding with Reports: pp. 142-177)	
11/9	W	Counter-Argument	*PS*: read the rebuttals	Proposal due for project 5
11/11	F	Exploring Your Topic	Library Research Day	

Week 13

Part Three—Style and Argument

Date	Day	Topic	Reading Due	Writing Activities
11/14	M	Counter-Argument	*HGW* Ch. 14 (Reading, Evaluating, and Responding to Sources: pp. 394-415)	
11/16	W	Rough Draft Workshop		Rough draft due
11/18	F	Refining Format	Read *HGW* MLA essays (pp. 172-177, 215-222, 253-258)	Project 5 due; Revision of project 4 due

Week 14

11/21— 11/25	M-F	NO CLASS— THANKSGIVING HOLIDAY		

Week 15

* Work on revision of project 5

Part Four—Revising for Excellence

Date	Day	Topic	Reading Due	Writing Activities
11/28	M	The Portfolio of Revisions		
11/30	W	Acknowledging Sources: Formal and Informal	*HGW* Ch. 15 (Acknowledging Sources: pp. 416-464), focusing on MLA citation	
12/2	F	Style: Some Schemes and Tropes		

Week 16

Date	Day	Topic	Reading Due	Writing Activities
12/5	M	Style: Some Schemes and Tropes		Draft due of cover memo
12/7	W	Semester Review: Invention, Arrangement, Style		Bring in questions about your portfolio
12/9	F	Course Wrap up		Portfolio of Revisions due

附录3：语料汇总

1. George W. Bush 关于 9·11 五周年纪念演讲

THE PRESIDENT: Good evening. Five years ago, this date — September the 11th — was seared into America's memory. Nineteen men attacked us with a barbarity unequaled in our history. They murdered people of all colors, creeds, and nationalities — and made war upon the entire free world. Since that day, America and her allies have taken the offensive in a war unlike any we have fought before. Today, we are safer, but we are not yet safe. On this solemn night, I've asked for some of your time to discuss the nature of the threat still before us, what we are doing to protect our nation, and the building of a more hopeful Middle East that holds the key to peace for America and the world.

On 9/11, our nation saw the face of evil. Yet on that awful day, we also witnessed something distinctly American: ordinary citizens rising to the occasion, and responding with extraordinary acts of courage. We saw courage in office workers who were trapped on the high floors of burning skyscrapers — and called home so that their last words to their families would be of comfort and love. We saw courage in passengers aboard Flight 93, who recited the 23rd Psalm — and then charged the cockpit. And we saw courage in the Pentagon staff who made it out of the flames and smoke — and ran back in to answer cries for help. On this day, we remember the innocent who lost their lives — and we pay tribute to those who gave their lives so that others might live.

For many of our citizens, the wounds of that morning are still fresh. I've met firefighters and police officers who choke up at the memory of fallen comrades. I've stood with families gathered on a grassy field in Pennsylvania, who take bittersweet pride in loved ones who refused to be victims— and gave America our first victory in the war on terror. I've sat beside young mothers with children who are now five years old — and still long for the daddies who will never cradle them in their arms. Out of this suffering, we resolve to honor every man and woman lost. And we seek their lasting memorial in a safer and more hopeful world.

Since the horror of 9/11, we've learned a great deal about the enemy.

We have learned that they are evil and kill without mercy — but not without purpose. We have learned that they form a global network of extremists who are driven by a perverted vision of Islam — a totalitarian ideology that hates freedom, rejects tolerance, and despises all dissent. And we have learned that their goal is to build a radical Islamic empire where women are prisoners in their homes, men are beaten for missing prayer meetings, and terrorists have a safe haven to plan and launch attacks on America and other civilized nations. The war against this enemy is more than a military conflict. It is the decisive ideological struggle of the 21st century, and the calling of our generation.

Our nation is being tested in a way that we have not been since the start of the Cold War. We saw what a handful of our enemies can do with box-cutters and plane tickets. We hear their threats to launch even more terrible attacks on our people. And we know that if they were able to get their hands on weapons of mass destruction, they would use them against us. We face an enemy determined to bring death and suffering into our homes. America did not ask for this war, and every American wishes it were over. So do I. But the war is not over — and it will not be over until either we or the extremists emerge victorious. If we do not defeat these enemies now, we will leave our children to face a Middle East overrun by terrorist states and radical dictators armed with nuclear weapons. We are in a war that will set the course for this new century — and determine the destiny of millions across the world.

For America, 9/11 was more than a tragedy — it changed the way we look at the world. On September the 11th, we resolved that we would go on the offense against our enemies, and we would not distinguish between the terrorists and those who harbor or support them. So we helped drive the Taliban from power in Afghanistan. We put al Qaeda on the run, and killed or captured most of those who planned the 9/11 attacks, including the man believed to be the mastermind, Khalid Sheik Mohammed. He and other suspected terrorists have been questioned by the Central Intelligence Agency, and they provided valuable information that has helped stop attacks in America and across the world. Now these men have been transferred to Guantanamo Bay, so they can be held to account for their actions. Osama bin Laden and other terrorists are still in hiding. Our message to them is clear:

No matter how long it takes, America will find you, and we will bring you to justice.

On September the 11th, we learned that America must confront threats before they reach our shores, whether those threats come from terrorist networks or terrorist states. I'm often asked why we're in Iraq when Saddam Hussein was not responsible for the 9/11 attacks. The answer is that the regime of Saddam Hussein was a clear threat. My administration, the Congress, and the United Nations saw the threat — and after 9/11, Saddam's regime posed a risk that the world could not afford to take. The world is safer because Saddam Hussein is no longer in power. And now the challenge is to help the Iraqi people build a democracy that fulfills the dreams of the nearly 12 million Iraqis who came out to vote in free elections last December.

Al Qaeda and other extremists from across the world have come to Iraq to stop the rise of a free society in the heart of the Middle East. They have joined the remnants of Saddam's regime and other armed groups to foment sectarian violence and drive us out. Our enemies in Iraq are tough and they are committed — but so are Iraqi and coalition forces. We're adapting to stay ahead of the enemy, and we are carrying out a clear plan to ensure that a democratic Iraq succeeds.

We're training Iraqi troops so they can defend their nation. We're helping Iraq's unity government grow in strength and serve its people. We will not leave until this work is done. Whatever mistakes have been made in Iraq, the worst mistake would be to think that if we pulled out, the terrorists would leave us alone. They will not leave us alone. They will follow us. The safety of America depends on the outcome of the battle in the streets of Baghdad. Osama bin Laden calls this fight "the Third World War"— and he says that victory for the terrorists in Iraq will mean America's "defeat and disgrace forever." If we yield Iraq to men like bin Laden, our enemies will be emboldened; they will gain a new safe haven; they will use Iraq's resources to fuel their extremist movement. We will not allow this to happen. America will stay in the fight. Iraq will be a free nation, and a strong ally in the war on terror.

We can be confident that our coalition will succeed because the Iraqi people have been steadfast in the face of unspeakable violence. And we can be confident in victory because of the skill and resolve of America's Armed

Forces. Every one of our troops is a volunteer, and since the attacks of September the 11th, more than 1. 6 million Americans have stepped forward to put on our nation's uniform. In Iraq, Afghanistan, and other fronts in the war on terror, the men and women of our military are making great sacrifices to keep us safe. Some have suffered terrible injuries— and nearly 3,000 have given their lives. America cherishes their memory. We pray for their families. And we will never back down from the work they have begun.

We also honor those who toil day and night to keep our homeland safe, and we are giving them the tools they need to protect our people. We've created the Department of Homeland Security. We have torn down the wall that kept law enforcement and intelligence from sharing information. We've tightened security at our airports and seaports and borders, and we've created new programs to monitor enemy bank records and phone calls. Thanks to the hard work of our law enforcement and intelligence professionals, we have broken up terrorist cells in our midst and saved American lives.

Five years after 9/11, our enemies have not succeeded in launching another attack on our soil, but they've not been idle. Al Qaeda and those inspired by its hateful ideology have carried out terrorist attacks in more than two dozen nations. And just last month, they were foiled in a plot to blow up passenger planes headed for the United States. They remain determined to attack America and kill our citizens — and we are determined to stop them. We'll continue to give the men and women who protect us every resource and legal authority they need to do their jobs.

In the first days after the 9/11 attacks I promised to use every element of national power to fight the terrorists, wherever we find them. One of the strongest weapons in our arsenal is the power of freedom. The terrorists fear freedom as much as they do our firepower. They are thrown into panic at the sight of an old man pulling the election lever, girls enrolling in schools, or families worshiping God in their own traditions. They know that given a choice, people will choose freedom over their extremist ideology. So their answer is to deny people this choice by raging against the forces of freedom and moderation. This struggle has been called a clash of civilizations. In truth, it is a struggle for civilization. We are fighting to maintain the way of life enjoyed by free nations. And we're fighting for the possibility that good and decent people across the Middle East can raise up societies based on freedom and tolerance and personal dignity.

We are now in the early hours of this struggle between tyranny and freedom. Amid the violence, some question whether the people of the Middle East want their freedom, and whether the forces of moderation can prevail. For 60 years, these doubts guided our policies in the Middle East. And then, on a bright September morning, it became clear that the calm we saw in the Middle East was only a mirage. Years of pursuing stability to promote peace had left us with neither. So we changed our policies, and committed America's influence in the world to advancing freedom and democracy as the great alternatives to repression and radicalism.

With our help, the people of the Middle East are now stepping forward to claim their freedom. From Kabul to Baghdad to Beirut, there are brave men and women risking their lives each day for the same freedoms that we enjoy. And they have one question for us: Do we have the confidence to do in the Middle East what our fathers and grandfathers accomplished in Europe and Asia? By standing with democratic leaders and reformers, by giving voice to the hopes of decent men and women, we're offering a path away from radicalism. And we are enlisting the most powerful force for peace and moderation in the Middle East: the desire of millions to be free.

Across the broader Middle East, the extremists are fighting to prevent such a future. Yet America has confronted evil before, and we have defeated it — sometimes at the cost of thousands of good men in a single battle. When Franklin Roosevelt vowed to defeat two enemies across two oceans, he could not have foreseen D-Day and Iwo Jima — but he would not have been surprised at the outcome. When Harry Truman promised American support for free peoples resisting Soviet aggression, he could not have foreseen the rise of the Berlin Wall — but he would not have been surprised to see it brought down. Throughout our history, America has seen liberty challenged, and every time, we have seen liberty triumph with sacrifice and determination.

At the start of this young century, America looks to the day when the people of the Middle East leave the desert of despotism for the fertile gardens of liberty, and resume their rightful place in a world of peace and prosperity. We look to the day when the nations of that region recognize their greatest resource is not the oil in the ground, but the talent and creativity of their people. We look to the day when moms and dads throughout the Middle East see a future of hope and opportunity for their children. And when that good day comes, the clouds of war will part, the appeal of radicalism will decline, and we will leave our children with a better and safer world.

On this solemn anniversary, we rededicate ourselves to this cause. Our nation has endured trials, and we face a difficult road ahead. Winning this war will require the determined efforts of a unified country, and we must put aside our differences and work together to meet the test that history has given us. We will defeat our enemies. We will protect our people. And we will lead the 21st century into a shining age of human liberty.

Earlier this year, I traveled to the United States Military Academy. I was there to deliver the commencement address to the first class to arrive at West Point after the attacks of September the 11th. That day I met a proud mom named RoseEllen Dowdell. She was there to watch her son, Patrick, accept his commission in the finest Army the world has ever known. A few weeks earlier, RoseEllen had watched her other son, James, graduate from the Fire Academy in New York City. On both these days, her thoughts turned to someone who was not there to share the moment: her husband, Kevin Dowdell. Kevin was one of the 343 firefighters who rushed to the burning towers of the World Trade Center on September the 11th — and never came home. His sons lost their father that day, but not the passion for service he instilled in them. Here is what RoseEllen says about her boys: "As a mother, I cross my fingers and pray all the time for their safety — but as worried as I am, I'm also proud, and I know their dad would be, too."

Our nation is blessed to have young Americans like these — and we will need them. Dangerous enemies have declared their intention to destroy our way of life. They're not the first to try, and their fate will be the same as those who tried before. Nine-Eleven showed us why. The attacks were meant to bring us to our knees, and they did, but not in the way the terrorists intended. Americans united in prayer, came to the aid of neighbors in need, and resolved that our enemies would not have the last word. The spirit of our people is the source of America's strength. And we go forward with trust in that spirit, confidence in our purpose, and faith in a loving God who made us to be free.

Thank you, and may God bless you.

2. Barack Obama 关于 9·11 十周年纪念讲话

A Concert for Hope

Kennedy Center Washington, D.C.

8:12 P.M. EDT

THE PRESIDENT: The Bible tells us — "weeping may endure for a night, but joy cometh in the morning."

Ten years ago, America confronted one of our darkest nights. Mighty towers crumbled. Black smoke billowed up from the Pentagon. Airplane wreckage smoldered on a Pennsylvania field. Friends and neighbors, sisters and brothers, mothers and fathers, sons and daughters — they were taken from us with a heartbreaking swiftness and cruelty. And on September 12, 2001, we awoke to a world in which evil was closer at hand, and uncertainty clouded our future.

In the decade since, much has changed for Americans. We've known war and recession, passionate debates and political divides. We can never get back the lives that were lost on that day or the Americans who made the ultimate sacrifice in the wars that followed.

And yet today, it is worth remembering what has not changed. Our character as a nation has not changed. Our faith — in God and in each other — that has not changed. Our belief in America, born of a timeless ideal that men and women should govern themselves; that all people are created equal, and deserve the same freedom to determine their own destiny — that belief, through tests and trials, has only been strengthened.

These past 10 years have shown that America does not give in to fear. The rescue workers who rushed to the scene, the firefighters who charged up the stairs, the passengers who stormed the cockpit — these patriots defined the very nature of courage. Over the years we've also seen a more quiet form of heroism — in the ladder company that lost so many men and still suits up and saves lives every day, the businesses that have been rebuilt from nothing, the burn victim who has bounced back, the families who press on.

Last spring, I received a letter from a woman named Suzanne Swaine.

She had lost her husband and brother in the Twin Towers, and said that she had been robbed of, "so many would-be proud moments where a father watches their child graduate, or tend a goal in a lacrosse game, or succeed academically." But her daughters are in college, the other doing well in high school. "It has been 10 years of raising these girls on my own," Suzanne wrote. "I could not be prouder of their strength and resilience." That spirit typifies our American family. And the hopeful future for those girls is the ultimate rebuke to the hateful killers who took the life of their father.

These past 10 years have shown America's resolve to defend its citizens, and our way of life. Diplomats serve in far off posts, and intelligence professionals work tirelessly without recognition. Two million Americans have gone to war since 9/11. They have demonstrated that those who do us harm cannot hide from the reach of justice, anywhere in the world. America has been defended not by conscripts, but by citizens who choose to serve — young people who signed up straight out of high school, guardsmen and reservists, workers and business-people, immigrants and fourth-generation soldiers. They are men and women who left behind lives of comfort for two, three, four, five tours of duty. Too many will never come home. Those that do carry dark memories from distant places and the legacy of fallen friends.

The sacrifices of these men and women, and of our military families, reminds us that the wages of war are great; that while service to our nation is full of glory, war itself is never glorious. Our troops have been to lands unknown to many Americans a decade ago — to Kandahar and Kabul; to Mosul and Basra. But our strength is not measured in our ability to stay in these places; it comes from our commitment to leave those lands to free people and sovereign states, and our desire to move from a decade of war to a future of peace.

These 10 years have shown that we hold fast to our freedoms. Yes, we're more vigilant against those who threaten us, and there are inconveniences that come with our common defense. Debates — about war and peace, about security and civil liberties — have often been fierce these last 10 years. But it is precisely the rigor of these debates, and our ability to resolve them in a way that honors our values and our democracy, that is the measure of our strength. Meanwhile, our open markets still provide innovators the chance to create and succeed, our citizens are still free to speak their minds, and our souls are enriched in churches and temples, our synagogues and our mosques.

These past 10 years underscores the bonds between all Americans. We have not succumbed to suspicion, nor have we succumbed to mistrust. After 9/11, to his great credit, President Bush made clear what we reaffirm today: The United States will never wage war against Islam or any other religion. Immigrants come here from all parts of the globe. And in the biggest cities and the smallest towns, in schools and workplaces, you still see people of every conceivable race and religion and ethnicity —all of them pledging allegiance to the flag, all of them reaching for the same American dream — e pluribus unum, out of many, we are one.

These past 10 years tell a story of our resilience. The Pentagon is repaired, and filled with patriots working in common purpose. Shanksville is the scene of friendships forged between residents of that town, and families who lost loved ones there. New York — New York remains the most vibrant of capitals of arts and industry and fashion and commerce. Where the World Trade Center once stood, the sun glistens off a new tower that reaches towards the sky.

Our people still work in skyscrapers. Our stadiums are still filled with fans, and our parks full of children playing ball. Our airports hum with travel, and our buses and subways take millions where they need to go. And families sit down to Sunday dinner, and students prepare for school. This land pulses with the optimism of those who set out for distant shores, and the courage of those who died for human freedom.

Decades from now, Americans will visit the memorials to those who were lost on 9/11. They'll run their fingers over the places where the names of those we loved are carved into marble and stone, and they may wonder at the lives that they led. And standing before the white headstones in Arlington, and in peaceful cemeteries and small-town squares in every corner of the country, they will pay respects to those lost in Iraq and Afghanistan. They'll see the names of the fallen on bridges and statues, at gardens and schools.

And they will know that nothing can break the will of a truly United States of America. They will remember that we've overcome slavery and

Civil War; we've overcome bread lines and fascism and recession and riots, and communism and, yes, terrorism. They will be reminded that we are not perfect, but our democracy is durable, and that democracy — reflecting, as it does, the imperfections of man —also give us the opportunity to perfect our union. That is what we honor on days of national commemoration—those aspects of the American experience that are enduring, and the determination to move forward as one people.

More than monuments, that will be the legacy of 9/11 — a legacy of firefighters who walked into fire and soldiers who signed up to serve; of workers who raised new towers, and citizens who faced down their private fears. Most of all, of children who realized the dreams of their parents. It will be said that we kept the faith; that we took a painful blow, and we emerged stronger than before.

"Weeping may endure for a night, but joy cometh in the morning."

With a just God as our guide, let us honor those who have been lost, let us rededicate ourselves to the ideals that define our nation, and let us look to the future with hearts full of hope.

May God bless the memory of those we lost, and may God bless the United States of America.

3. 纽约时报关于 2011 年上年间海大师赛的报道

Murray and Ferrer Reach Shanghai Finals

http://www. nytimes. com/aponline/2011/10/15/sports/tennis/AP-TEN-Shanghai.html? partner＝rss&emc＝rss

Published: October 15, 2011 at 5:00 PM ET

SHANGHAI (AP) — Andy Murray overpowered Japan's Kei Nishikori 6—3, 6—0 Saturday, setting up a Shanghai Masters final against David Ferrer and taking another step in his bid to pass Roger Federer in the rankings.

Ferrer, ranked No. 5, struggled past fellow Spaniard Feliciano Lopez 6—7 (5), 6—3, 6—3. It was the third straight match he has come back to win after losing the first set.

Murray, the defending champion, has won 24 of his last 25 matches and is trying to capture his third tournament in three weeks. If he wins the title Sunday, he will advance from No. 4 to No. 3 and overtake Federer in the rankings, a goal he had set for the end of the year.

Federer made last year's Shanghai final but skipped this year's tournament to rest and recover from injuries. He hasn't been ranked below No.3 since June 2003 — just before he won his first Grand Slam at Wimbledon.

Murray has been ranked as high as No.2 but has never finished the year higher than No.4.

"It's not the ultimate goal, but it's a step in the right direction," he said.

Nishikori won just one point on the Scotsman's serve in the first set and six in the entire match, which lasted less than an hour.

The 21-year-old player has had the best week of his career, defeating two Top 20 players — Jo-Wilfried Tsonga of France and Alexandr Dolgopolov of Ukraine. His ranking will improve to about No.32 next week, the highest ever for a Japanese player on the ATP tour.

"I didn't have any chance to break him. He had a good return. I mean, good everything," Nishikori said. "He was really, like, genius to play."

Murray has barely been tested this week. He received a bye in the first round, a walkover in the second and easily beat a 124th-ranked qualifier in the quarterfinals. The Scot dropped one set to the only seeded player he's faced, No.13 Stanislas Wawrinka of Switzerland.

Ferrer, meanwhile, had to save three match points in his third-round win over Juan Carlos Ferrero and edged Andy Roddick in the quarterfinals in a third-set tiebreaker.

He had a tough time with Lopez, too. Although Lopez is ranked 23 spots below Ferrer, he had a 6—1 record against his countryman on hard courts coming into the match and had eliminated three seeded players in straight sets to reach the semifinals.

"I know the record with him, it was bad, no? But I tried to refocus on my game," Ferrer said. "I had confidence with me, with my game."

Lopez was aggressive in the first set, coming in behind his big serve and backhand slice repeatedly to finish off points at the net. After going down 4—1 in the tiebreaker, Lopez hit three big serves and a running backhand crosscourt winner to come back to take the set.

But Ferrer rebounded in the second, breaking Lopez in the third game when Lopez hit a slice backhand wide. He then got the decisive break in the third set when Lopez missed another shot badly wide while serving at 3—4.

"Maybe today I played the better match of this week," he said. "When I lost the first set, I tried to forget the tiebreak and I tried to focus again. I played better in the second and the third."

Murray has won seven Masters tournaments; Ferrer is looking for his first such victory. Murray also has beaten Ferrer twice this year — last week in the semifinals of the Japan Open in Tokyo and in the semifinals of the Australian Open in January.

"He's one of the toughest guys on the tour to play against," Murray said. "I played well against him last week but every match is obviously different. He's definitely going to be bang up for the match."

4. 人民网关于 2011 年斯杯篮球赛报道

斯杯—澳大利亚 76：68 完胜安哥拉　袋鼠军团迎来首胜

http://sports.people.com.cn/GB/22149/15312532.html

人民网北京 8 月 2 日电 2011 年斯杯篮球赛(海宁站)进入第二天的较量,在刚刚结束的一场比赛中,澳大利亚队以 76 比 68 战胜了安哥拉队,取得了他们在本届斯杯上的首场胜利。

第一节比赛结束,澳大利亚以 22 比 18 的微弱优势进入第二节。次节开战,离半场结束还剩 1 分 56 秒时,澳大利亚已经将分差扩大至 16 分。本节安哥拉仅得到 10 分,而澳大利亚以 14 的巨大分差结束上半场。

易边再战,安哥拉队开始积极进攻,安波罗西奥强行出手命中并造成申克尔的打手犯规,并打成 2+1,31 比 42。安博罗西尼欲三分远射,结果被申舍尔一个大帽煽出,后者随即快意识地将球传给前场弧线右侧的吉布森,后者高高跃起,皮球刷刷地直落网心,31 比 47。此后安哥拉队的频频失误,澳大利亚加强防守,沃辛顿弧线外右侧的三分继续出手打进! 澳大利亚 52 比 36,保持16 分的领先优势。第三节还剩 23 秒莫莱斯左侧的远投三分命中,安哥拉欲有反扑之势,而沃辛顿右侧零度角又一记三分命中,44 比 59。安哥拉以 15 分的劣势进入第三节。

末节,安哥拉展开反扑,莫赖斯首先命中三分,而后保罗左侧溜底线上篮命中造犯规并加罚命中,随即戈麦斯三分线外右侧远投三分命中,打出了他们本场比赛的第一个 8：0 的小高潮,并将比分缩纸 8 分,53 比 61。瓦格斯塔夫神来之笔,在最后一刻急停随手一投打进,澳大利亚以 65 比 55 领先。明加斯接桑多斯内传内的配合出手命中,67 比 60,澳大利亚队教练当即叫了一个暂停。上来的澳大利亚突然手感全无,安哥拉队反击,明加斯快攻得手,62 比67,比分缩至 5 分。幸亏澳大利亚的内线开始发威,频频造犯规罚球命中,再一次将比分拉至 10 以上,74 比 64。最后一分钟,澳大利亚依旧保持 10 分优势,安哥拉也获胜无望,最终以 68 比 76 负于对手。

5. 搜狐网体育频道对亚洲杯 1/8 决赛报道

半决赛前瞻:日韩上演最强对话　袋鼠军团谨防爆冷

http://sports.sohu.com/20110123/n279030489.shtml2011-01-23 04:22:41

北京时间 1 月 23 日凌晨,随着澳大利亚队与韩国队在两场 1/8 决赛之中通过加时赛淘汰对手挺进四强,2011 年卡塔尔亚洲杯的半决赛对阵随即揭晓,在即将上演的半决赛中,日本队将会迎战韩国队,两位东亚近邻将会上演亚洲足球目前最高水平的较量,而历史性杀入四强的乌兹别克斯坦以及澳大利亚之间注定还会有一支球队继续创造历史的脚步。相比之下本届亚洲杯开赛前士气高涨的西亚球队却全军覆没提前告别了亚洲杯的中心舞台。

日本队淘汰卡塔尔队的比赛绝对称得上一波三折,作为亚洲足球最顶尖的代表,日本队与东道主大战 90 分钟,虽然两度落后并且一度少打一人,但是日本队还是凭着自己超强的实力逆转了拥有东道主优势的卡塔尔。而在今晚进行的淘汰赛中,韩国队则是经过 120 分钟的苦战加时淘汰了西亚劲旅伊朗队,韩国队的晋级之路虽然辛苦但是场面上的优势令这个结果还是在情理之中,如此一来东亚两强实现了亚洲杯赛场上的成功会师。

在北京时间 25 日晚间,韩国队将会迎来与日本队的半决赛,这样一场比赛无疑是能够代表亚洲足球最高水平的较量,日本队的晋级之路展现了亚洲一哥的风采,无论是技战术还是团队实力,日本队都在亚洲拥有一定的优势,在逆境中逆转了东道主卡塔尔后,日本足球又展现出来了顽强的韧劲,现如今的日本队内外兼修足够给世界上任何对手带来麻烦。恰巧在此时,亚洲足坛的另一位代表韩国队与日本狭路相逢,太极虎的晋级之旅并没有日本队那么霸气,但是韩国人的状态明显呈现一个上升的状态,队内的年轻人状态正佳,这场比赛也将是两国未来 10 年国家队人才储备的较量。以目前的状态与形势来看,日韩两强五五开均有机会。

而乌兹别克斯坦的晋级之路较之于四强对手澳大利亚来讲,同样顺利许多,拿下小组头名的中亚狼在 1/8 决赛中利用一个高潮秒杀对手约旦挺进四强,这创造了乌兹别克斯坦足球的新历史,同样创造历史的还有袋鼠军团,不过澳洲铁骑的前进之路就有些艰辛。在与卫冕冠军伊拉克队的比赛中澳洲人90 分钟内没有办法,不过科威尔在 120 分钟终场前的灵光一线令第二次出征亚洲杯的澳洲军团历史性的跻身四强,这两者将会上演半决赛的争夺,也就意味着必有一队将会继续创造历史,而且亚洲杯的决赛上还会有新冠军能否产生的戏码。

在实力对比上,澳大利亚的整体能力与个人实力强于乌兹别克斯坦,但是澳洲铁骑丝毫不敢大意,乌兹别克斯坦在晋级之路上展现出来的能力足矣威慑亚洲各路豪强,其稳健的后场防守恐怕会令袋鼠军团的进攻线需要耐心琢磨,而且杰帕罗夫、海因里希等球员的个人能力足够在瞬间改变比赛局面,因此澳大利亚并没有绝对把握拿下中亚狼,这一场比赛将会是两位亚洲杯半决赛新兵的遭遇战。不过不管怎样,在两场半决赛中,亚洲足球将会迎来最具代表性的两场对决,日韩代表着亚洲的顶尖对决,而中亚狼与袋鼠军团的 PK 则是亚洲新势力的正面厮杀,不过对于西亚势力来讲此时此刻自己已经成为看看客。

6.《北京晚报》体育版对 2011 年对中网赛事的相关评述

三位前世界第一齐聚北京:国王大炮野兔　一个也不能少

今年群星璀璨的中网赛场上,有三个人特别值得一提,他们都曾经是男子网坛的世界第一,尽管岁月不饶人,但是,老将们永不言败的精神依然在中网赛场上闪耀。他们就是罗迪克、费雷罗以及休伊特。

罗迪克:战小德有心得　虽然本赛季受伤病困扰,世界排名一度在美网前跌出前 20,但前中网冠军罗迪克从来都不是一位轻言放弃的球员。通过积极调整,罗迪克逐渐恢复状态,今年的美网更是打进了久违的大满贯 8 强。罗迪克曾经在 2008 年赢得中网冠军,而他也是今年中网参赛阵容中为数不多的和德约科维奇在对战记录中处于上风的人。"美国大炮"在 8 次对阵小德时取得了 5 胜 3 负的记录,其中在 2009 至 2010 年间更是保持着 5 连胜。虽然现在的德约科维奇已经不可同日而语,但战绩上的优势多少还是能给罗迪克带来信心。而且,罗迪克的炮弹式发球以及积极的上网态势,也能够给德约科维奇的底线型打法带来一定威胁。

费雷罗:仍有傲气在　相对于罗迪克,费雷罗近年来则起伏明显。已过而立之年的西班牙帅哥一直受伤病困扰,去年还一度传出退役的传言。不过,费雷罗最终决定继续留下来奋战,并在今年的美网带给球迷很多感动——他在第二轮和法国选手孟菲尔斯的较量中,场面极其被动之下依靠顽强的斗志在决胜盘拖垮对手,最终打进 16 强。近年来已退居二线的费雷罗,在过去和德约科维奇有过两次交锋,取胜的那一场还要追溯到 2005 年。虽然眼下的费雷罗早已不能和巅峰时期相比,但是作为曾经高居世界第一的大满贯冠军获得者,"西班牙国王"心中依然有一股傲气,而这也是支撑他在中网争取成功的关键。

休伊特:中网告别战 不久前的戴维斯杯亚太区第二轮比赛中,休伊特带领澳大利亚在北京力克中国队,闯进世界组的附加赛。虽然队中拥有托米奇这样的天之骄子,但真正稳住袋鼠军团军心的,还是如今世界排名已经跌落至188位的休伊特。2011年是休伊特在美网夺冠10周年,不过他却因伤错过了亮相法拉盛的机会。随着年龄增大,休伊特擅长的底线防守反击战术已经愈发无力,而近来伤病缠身的他,极有可能是最后一次亮相中网了。和费雷罗一样,现在的休伊特更多是依靠经验以及气势在比赛,他只在2006年的美网上击败过德约科维奇,随后遭遇了对后者的4连败,因此在今年的北京赛场,休伊特想要威胁德天王的统治地位,恐怕不易。

本报记者 田伟

7.《高级英语》修订版(张汉熙)第九课"Mark Twain—A Mirror of America" 第3-5自然段

The geographic core, in Twain's early years, was the great valley of the Mississippi River, main artery of transportation in the young nation's heart. Keelboats, flatboats, and large rafts carried the first major commerce. Lumber, corn, tobacco, wheat, and furs moved downstream to the delta country; sugar, molasses, cotton, and whiskey traveled north. In the 1850's, before the climax of westward expansion, the vast basin drained three-quarters of the settled United States.

Young Mark Twain entered that world in 1857 as a cub pilot on a steamboat. The cast of characters set before him in his new profession was rich and varied a cosmos. He participated abundantly in this life, listening to pilothouse talk of feuds, piracies, lynchings, medicine shows, and savage waterside slums. All would resurface in his books, together with the colorful language that he soaked up with a memory that seemed phonographic

Steamboat decks teemed not only with the main current of pioneering humanity, but its flotsam of hustlers, gamblers, and thugs as well. From them all Mark Twain gained a keen perception of the human race, of the difference between what people claim to be and what they really are. His four and a half year s in the steamboat trade marked the real beginning of his education, and the most lasting part of it. In later life Twain acknowledged that the river had acquainted him with every possible type of human nature. Those acquaintanceships strengthened all his writing, but he never wrote better than when he wrote of the people a-long the great stream.

参考文献

Allan Kathryn, *Metaphor and Metonymy: A Diachronic Study*, West Sussex: Blackwell Publishing, 2008.

Al-Sharifi A. G. M., *Textual Metonymy: A Semiotic Approach*, Houndmills, Basingstoke, Hampshire & NY: Palgrave Macmillan, 2004.

Althusser, Louis, ed., *Lenin and Philosophy and Other Essays*, New York: Monthly Review Press, 1971.

Andrews, James R., *The Practice of Rhetorical Criticism*, New York: Macmillan Publishing Co., Inc., 1983.

Arata Luigi, "The Definition of Metonymy in Greece", *Style*, Vol. 39, No. 1, 2005.

Barcelona Antonio, ed., *Metaphor and Metonymy at the Crossroads*, Berlin/New York: Mouton de Gruyter, 2000.

Barcelona Antonio, "On the Plausibility of Claiming A Metonymic Motivation for Conceptual Metaphor", in Barcelona A., ed. *Metaphor and Metonymy at the Crossroads: A Cognitive Perspective*, Berlin/New York: Mouton de Gruyter, 2000.

Barcelona Antonio, "Clarifying and Applying the Notions of Metaphor and Metonymy Within Cognitive Linguistics: An Update", in Dirven R. & Pörings R., eds. *Metaphor and Metonymy in Comparison and Contrast*, Berlin/New York: Mouton de Gruyter, 2002.

Barden John. A., "Metaphor and Metonymy: Making Their Connections More Slippery" *Cognitive Linguistics*, Vol. 21, No.1, 2010.

Beaugrande R. de, and W. U. Dressler, *Introduction to Text Linguistics*, London: Longman, 1981.

Bell Daniel, *The End of Ideology (revised version)*, New York: The Free Press, 1960.

Benson Thomas. W., ed. *Landmark Essays on Rhetorical Criticism*, California: Hermagoras Press, 1993.

Bitzer Lloyd, "The Rhetorical Situation", *Philosophy and Rhetoric*, No. 1, 1968.

Bitzer Lloyd, "Functional Communication: A Situational Perspective", in Eugene E. White., ed. *Rhetoric in Transition: Studies in the Nature and Uses of Rhetoric*, University Park: The Pennsylvania State University Press, 1980.

Black Edwin, *Rhetorical Criticism: A Study in Method*, Madison: University of Wisconsin Press, 1978.

Black Edwin, "On Objectivity and Politics in Criticism", in Kuypers J. A., ed. *The Art of Rhetorical Criticism*, Boston: Pearson Education, 2005.

Black Max, *Models and Metaphor*, Cornell: Cornel University Press, 1962.

Blank Andreas, "Co-presence and Succession: A Cognitive Typology of Metonymy", in Panther K. and Radden G., eds. *Metonymy in Language and Thought*, Amsterdam: John Benjamins, 1999.

Bredin Hugh, "Metonymy", *Poetics Today*, Vol. 5, No.1, 1984.

Brockriede Wayne, "Rhetorical Criticism as Argument", *Quarterly Journal of Speech*, Vol. 60, No.2, 1974.

Burgchardt Carl R., ed., *Readings in Rhetorical Criticism*, State College, Penn: Strata Publishing, Inc., 2005.

Burke Kenneth, *Permanence and Change*, New York: New Republic Inc., 1935.

Burke Kenneth, *A Grammar of Motives*, Berkeley & Los Angeles: University of California Press, 1969.

Burke Kenneth., *A Rhetoric of Motives*, Berkeley & Los Angeles: University of California Press, 1969.

Burke Kenneth, "The Rhetorical Situation", in Lee Thayer, ed. *Communication: Ethical and Moral Issues*, New York: Gorden and Breach Science Publishers, 1973.

Burke Kenneth, *On Symbols and Society*, Chicago: The University of Chicago Press, 1989.

Cameron Lynne and Graham Low, *Researching and Applying Metaphor*, Cambridge: CUP, 1999.

Campbell Karlyn. K., *Critiques of Contemporary Rhetoric*, Belmont: Wadsworth Publishers, 1972.

Campbell Karlyn. K., and Thomas R. Burkholder, *Critiques of Contemporary Rhetoric* (2nd ed.), Belmont: Wadsworth, 1997.

Carter Ronald, Language Awareness, 基础教育外语教学研究, No.5, 2003.

Charteris-Black J., *Corpus Approaches to Critical Metaphor Analysis*, New York: Palgrave MacMillan, 2004.

Childers Joseph. W., and Gary Hentzi, *The Columbia Dictionary of Modern Literary & Cultural Criticism*, New York: Columbia University Press, 1995.

Cibulskienè Jurga, "Are Ideologies Reflected in Metaphor?", *Respectus Philologicus*, No.22, 2010.

Consigny Scott, "Rhetoric and Its Situations", *Philosophy and Rhetoric*, Vol 7, No.3, 1974.

Croft William, "The Role of Domains in the Interpretation of Metaphors and Metonymies", *Cognitive Linguistics*, Vol. 4, No.4, 1993.

Danesi Marcel, "The Role of Metaphor in Second Language Pedagogy", *Rassegna Italina di Linguistica Applicata*, No.18, 1986.

Deignan Alice, "A Corpus Linguistic Perspective on the Relationship between Metonymy and Metaphor", *Style*, Vol. 39, No.1, 2005.

Deignan Alice, *Metaphor and Corpus Linguistics*, Amsterdam: Benjamins, 2005.

Dirven Rene, "Metonymy and Metaphor: Differentmental Strategies of Conceptualisation", *Leuvense Bijdragen*, Vol. 8, No. 2, 1993.

Dirven Rene, and Ralf Pörings, eds., *Metaphor and Metonymy in Comparison and Contrast*, Berlin/New York: Mouton de Gruyter, 2002.

Dirven Rene, Metonymy and metaphor: Different mental strategies of conceptualization, in Dirven Rene. & Ralf Pörings, eds. *Metaphor and Metonymy in Comparison and Contrast*, Berlin/New York: Moulton de Gruyter, 2002.

Eagleton Terry, *Ideology: An Introduction*, London: Verso, 1991.

Fairclough Norman, *Language and Power*, London /New York: Longman, 1989.

Fairclough Norman, *Discourse and Social Change*, Cambridge: Polity Press, 1992.

Fairclough Norman, *Language and Power* (2nd edition), London: Longman, 2001.

Fass Dan, *Processing Metonymy and Metaphor*, London: Ablex Publishing

Corporation, 1997.

Fauconnier Gilles, and Turner Mark, "Metonymy and Conceptual Integration", in Panther Klaus-Uwe, and Günter Radden, eds. *Metonymy in Language and Thought*, Amsterdam: John Benjamins, 1999.

Feyaerts Kurt, Refining the Inheritance Hypothesis: Interaction between Metaphorical and Metonymie Hierarchies, in Barcelona Anronio, ed. *Metaphor and Metonymy at the Crossroads: A Cognitive Perspective*, Berlin/New York: Mouton de Gruyter, 2000.

Flahive D. E., and P. L. Carrell, Lexical Expansion and the Acquisition of Metaphoric Competence, presented at 11th annual Mid-America Linguistic Conference. University of Missouri, Columbia, 1977.

Foss Sonja. K, ed., *Rhetorical Criticism: Exploration & Practice*, Long Grove: Waveland Press, 2004.

Fowler Roger, *Language in the News: Discourse and Ideology in the Press*, London: Routledge, 1991.

FowlerRoger, Bob Hodge and Tony Trew, *Language and Control*, London: Routledge and Kegan Paul, 1979.

Gardner Howard and Ellen Winner, "The Development of Metaphoric Competence: Implications for Humanistic Disciplines", *Critical Inquiry, Special Issue on Metaphor*, Vol. 5, No.1, 1978.

Gerstl Peter and Simone Pribbenow, "A Conceptual Theory of Part-whole Relations and Its Applications", *Data & Knowledge Engineering*, No. 20, 1996.

Geuss Raymond, *The Idea of A Critical Theory: Habermas and the Frankfurt School (Modern European Philosophy)*, Cambridge: Cambridge University Press, 1981.

Gibbs Graham, *Analyzing Qualitative Data*, London: Sage, 2007.

Goatly Andrew, *Washing the Brain. Metaphor and Hidden Ideology (Discourse Approaches to Politics, Society and Culture*, Amsterdam: John Benjamins, 2007.

Goossens Louis, "Metaphtonymy: The Interaction of Metaphor and Metonymy in Expressions for Linguistic Action", *Cognitive Linguistics*, No. 1, 1990.

Goossens Louis. "Metaphtonymy: The Interaction of Metaphor and Metonymy in Figurative Expressions for Linguistic Action", in Goossens et al., eds. *By Words of Mouth*, 1995.

Grady Joseph, "Theories Are Buildings", *Cognitive Linguistics*, No. 8, 1997.

Gregory Michael and Carroll Susanne, *Language and Situation: Language Varieties and Their Social Contexts*, London: Routledge & Kegan Paul Ltd., 1978.

Hart Christopher, "Critical Discourse Analysis and Metaphor: Toward A Theoretical Framework", *Critical Discourse Studies*, Vol. 5, No. 2, 2008.

Hart Roderick. P., and Susanne M. Daughton, *Modern Rhetorical Criticism*, Boston: Pearson/Allyn & Bacon, 2005.

Haser Verena, *Metaphor, Metonymy and Experientialist Philosophy: Challenging Cognitive Semantics*, Berlin & New York: Mouton de Gruyter, 2005.

Hendrix J. A., and Jerome B. Polisky, eds., *Rhetorical Criticism: Methods and Models*, Iowa: WM. C. Brown Book Company, 1968.

Hobbs et al., "Interpretation as Abduction", *Artificial Intelligence*, Vol. 63, No.1, 1993.

Hopper Paul. J., and Elizabeth C., Traugott. *Grammaticalization*, Cambridge, England: Cambridge University Press, 1993.

Huaco George A., "On Ideology", *Acta Sociologica*, No.4, 1971.

Hudson H. H., "The Field of Rhetoric", *Quarterly Journal of Speech Education*, No.9, 1923.

Hunston Susan and Thompson Geoff, eds., *Evaluation in Text: Authorial Stance and the Construction of Discourse*, Oxford: Oxford University Press, 2000.

Jakobson Roman, "Two Aspects of Language and Two Types of Aphasic Disturbances", in Jakobson Roman and Morris Halle, eds. *Fundamentals of Language*, The Hague: Mouton, 1956.

Kennedy Sara and Pavel Trofimovich, "Language Awareness and Second Language Pronunciation: A Classroom Study", *Language Awareness*, Vol. 19, No.3, 2010.

Koch Peter, "Frame and Contiguity, in Panther Klaus-Uwe and Günter Radden", *Metonymy in Language and Thought*, Amsterdam: John Benjamins, 1999.

Kövecses Zoltán, and Günter Radden, "Metonymy: Developing a Cognitive Linguistic View", *Cognitive Linguistics*, No.9, 1998.

Kress Gunther, *Linguistic Processes in Sociocultural Practice*, Victoria: Deakin University Press, 1989.

Kress Gunther and Roger Hodge, *Language as Ideology*, London: Routledge and Kegan Paul, 1979.

Kress Gunther and Roger Hodge, *Language as Ideology* (*2nd edition*), London: Routledge and Kegan Paul, 1993.

Kuczora Paul W., ad Steve J. Cosb, "Implementation of Meronymic (part-whole) Inheritance for Semantic Networks", *Knowledge-Based Systems*, Vol. 12, No.4, 1989.

Kuypers Jim A., ed., *The Art of Rhetorical Criticism*, Boston: Pearson Education, 2005.

Kuypers Jim A., and Andrew King, "What is Rhetoric?", in Kuypers, Jim. A., ed. *The Art of Rhetorical Criticism*, Boston: Pearson Education, Inc, 2005.

Lakoff George and Mark Johnson, *Metaphors We Live By*, Chicago: The University of Chicago Press, 1980.

Lakoff George, *Women, Fire and Dangerous Things: What Categories Reveal about the Mind*, Chicago: The University of Chicago Press, 1987.

Lakoff George and Mark Turner, *More than Cool Reason: A Field Guide to Poetic Metaphor*, Chicago: University of Chicago Press, 1989.

Lakoff George, *Moral Politics*, Chicago: University of Chicago Press, 2002.

Langacker Ronald. W., *Foundations of Cognitive Grammar*, vol. 2, *Descriptive Application*, Stanford: Stanford University Press, 1991.

Langacker Ronald. W., "Reference-Point Constructions", *Cognitive Linguistics*, No.4, 1993, 1-38.

Langacker Ronald. W., *Grammar and Conceptualization*, Berlin and New York: Mouton de Gruyter, 1999.

Littlemore Jeannette, "Metaphoric Competence: A Language Learning Strength of Students With a Holistic Cognitive Style?", *TESOL Quarterly*, Vol. 35, No.3, 2001.

Low Graham. D., "Validating Metaphor Research Projects", in Cameron Lynne and Graham D., eds. *Researching and Applying Metaphor*,

Shanghai: Shanghai Foreign Language Education Press, 2001.

Lyons John, *Semantic 2*, Cambridge: Cambridge University Press, 1977.

Lyons John, *Language and Linguistics*, Cambridge: CUP, 1981.

Mannheim Karl, *Ideologie und Utopie*, Frankfurt an Main: Vittorio Klostermann GMbH, 1985.

Maingueneau Dominique, "Is Discourse Analysis Critical?", *Critical Discourse Studies*, No.2, 2006.

Meadows Bryan, "Distancing and Showing Solidarity via Metaphor and Metonymy in Political Discourse: A critical study of American statements on Iraq during the years 2004—2005", *Critical Approaches to Discourse Analysis across Disciplines*, Vol. 1, No.2, 2007.

Mills Wright, *The Marxists*, New York: Dell Publishing Co., Inc., 1962.

Mooij Jan. J. A., *A Study of Metaphor: On the Nature of Metaphorical Expressions, With Special Reference to Their Reference*, Amsterdam/New York/Oxford: North-Holland, 1976.

Nash Walter, *Rhetoric: The Wit of Persuasion*, Blackwell Publishers, 1989.

Nerlich Brigitte, David Clarke D., and Zazie Todd, "Mummy, I like being a sandwich: Metonymy in Language Acquisition", in Panther Klaus-Uwe and Günter Radden, eds. *Metonymy in Language and Thought*, Amsterdam: John Benjamins, 1999.

Niemeier S., "Straight from the Heart Metonymic and Metaphorical Explorations", in Barcelona Antonio, ed. *Metaphor and Metonymy at the Crossroads*, 2000.

Norrick Neal. R., *Semiotic Principles in Semantic Theory*, Amsterdam: John Benjamins, 1981.

Nunberg Geoffrey, *The Pragmatics of Reference*, Bloomington: Indiana University Linguistics Club, 1978.

O'Halloran Kieran, "Critical Discourse Analysis and the Corpus-informed Interpretation of Metaphor at the Register Level", *Applied Linguistics*, Vol. 28, No.1, 2007.

Panther Klaus-Uwe and Günter Radden, *Metonymy in Language and Thought*, Amsterdam: Benjamins, 1999.

Panther Klaus-Uwe and Linda Thornburg, "Speech Act Metonymies", in Liebert W. A., G. Redeker and L. Waugh ed., *Discourse and Perspectives in Cognitive Linguistics*, Amsterdam and Philadelphia: John Benjamins Publishing Company, 1997.

Peirsman Yves and Dirk Geeraerts, "Metonymy as a Prototypical Category", *Cognitive Linguistics*, Vol. 17, No.3, 2006.

Perelman Chaïm, *The Realm of Rhetoric*, Notre Dame: University of Notre Dame Press, 1982.

Pierce Dann. L. *Rhetorical Criticism and Theory in Practice*, New York: Mcgraw-Hill, 2003.

Prelli Lawrence J., *A Rhetoric of Science: Inventing Scientific Discourse*, Columbia: University of South Carolina Press, 1989.

Pustejovsk James, "The Generative Lexicon", *Computational Linguistics*, Vol. 17, No. 4, 1991.

Radden Günter and Zoltán Kövecses, "Towards a Theory of Metonymy", in Panther Klaus-Uwe and Günter Radden, eds. *Metonymy in Language and Thought*, Amsterdam: John Benjamins Publishing Company, 1999.

Radden Günter, "How Metonymic Are Metaphors?", in Barcelona Antonio, ed. *Metaphor and Metonymy at the Crossroads*, Berlin/New York: Moulton de Gruyter, 2000.

Rosenfield Lawrence W., "The Anatomy of Critical Discourse", *Speech Monographs*, Vol. 35, No. 1, 1968.

Roudet Léonce, "Sur la Classification Psychologique des Changements Sémantiques", *Journal de Psychologie normale et pathologique*, No. 18, 1921.

Ruiz de Mendoza Ibáñez, F. J., "The Role of Mappings and Domains in Understanding Metonymy", in Barcelona Antonio, ed., *Metaphor and Metonymy at the Crossroads: A Cognitive Perspective*, 2000.

Ruiz de Mendoza Ibáñez, F. J., and José Luis Otal Campo, *Metonymy, Grammar, and Communication*, Granada: Comares. Colección Estudios de Lengua Inglesa, 2002.

Ruiz de Mendoza Ibáñez F. J., and Sandra Peña Cervel, eds., *Cognitive Linguistics Internal Dynamics and Interdisciplinary Interaction*, Berlin/ New York: Mouton de Gruyter, 2005.

Ruthven Kenneth K., *Critical Assumptions*, Cambridge: Cambridge University Press, 1979.

Sperber Dan and Deirdre Wilson, *Relevance: Communication and*

Cognition, Beijing: Foreign Language Teaching and Research Press, 2001.

Stefanowitsch Anatol and Gries Stephan. Th., eds., *Corpus-based Approaches to Metaphor and Metonymy*, Berlin/New York: Mouton de Gruyter, 2006.

Stob Paul, "'Terministic Screens,' Social Constructionism, and the Language of Experience: Kenneth Burke's Utilization of William James", *Philosophy and Rhetoric*, Vol. 41, No.2, 2008.

Swan Joan, Ana Deumert, Theresa Lillis, and Rajend Mesthrie, *A Dictionary of Sociolinguistics*, Edinburgh: Edinburgh University Press, 2004.

Taylor John. R., *Linguistic Categorization: Prototypes in Linguistic Theory*, Oxford: Clarendon, 1995.

Tracy Karen, "Discourse Analysis in Communication", in Deborah Schiffrin, Deborah Tannen, and Heidi E. Hamilton, eds. *The Handbook of Discourse Analysis*, Oxford: Blackwell Publishing Ltd., 2001.

Ullmann Stephen, *Semantics: An Introduction to the Science of Meaning*, Oxford: Basil Blackwell, 1962.

Ungerer Friedrich and Hans-Jorg Schmid, *An Introduction to Cognitive Linguistic*, Beijing: Foreign Language Teaching and Research Press, 2008.

Van Dijk Teun. A., *Prejudice in Discourse*, Amsterdam: Benjamins, 1984.

Van Dijk Teun A., "Principles of Critical Discourse Analysis", *Discourse & Society*, No.2, 1993.

Vatz Richard, "The Myth of the Rhetorical Situation", *Philosophy and Rhetoric*, Vol. 6, No.3, 1973.

Velasco-Sacristán Marisol and Pedro A. Fuertes-Olivera., "Towards A Critical Cognitive—pragmatic Approach to Gender Metaphors in Advertising English", *Journal of Pragmatics*, Vol. 38, No.11, 2006.

Verschueren Jef., *Understanding Pragmatics*, Beijing: Foreign Language Teaching and Research Press, 2000.

Wichelns Herbert A., "The Literary Criticism of Oratory", in Benson Thomas W., ed. *Landmark Essays on Rhetorical Criticism*, California: Hermagoras Press, 1993.

Warren Beatrice, "An Alternative Account of The Interpretation of Referential Metonymy and Metaphor", in Dirven René and Ralf Pörings ed., *Metaphor and Metonymy in Comparison and Contrast*, Berlin/New York: Mouton de Gruyter, 2002.

Weaver Richard, *Language Is Sermonic*, Batou Rouge: Louisiana State University Press, 1970.

Widdowson Henry. G., "Discourse Analysis: A Critical View", *Language and Literature*, Vol. 4, No.3, 1995.

Wodak Ruth, *Language, Power and Ideology*, Amsterdam: Benjamins, 1989.

Wodak Ruth, "Critical Discourse Analysis at the End of the 20th Century", *Research on Language and Social Interaction*, Vol. 32, No.1—2, 1999.

Wodak Ruth, "What CDA Is About-A Summary of Its History, Important Concepts and Its Developments", in Wodak Ruth and Michael Meyer, eds., *Methods of Critical Discourse Analysis*, London: Sage, 2001.

Zhang Wei. W., Dirk Speelman and Dirk Geeraerts. "Variation in the (non) Metonymic Capital Names in Mainland Chinese and Taiwan Chinese", *Metaphor and Social World*, No.1, 2011.

Zipf George. K., *Human Behavior and the Principle of Least Effort*, Cambridge: Addison Wesley, 1949.

巴金:《灭亡》,上海人民出版社 2008 年版。

曹京渊、王绍梅:《美国修辞情景研究及其后现代主义趋势》,《复旦学报(社会科学版)》2011 年第 2 期。

陈嘉映:《语言哲学》,北京大学出版社 2003 年版。

陈汝东:《论修辞的社会心理原则》,《北京大学学报(哲社版)》1997 年第 1 期。

陈望道:《修辞学发凡》,复旦大学出版社 2008 年版。

陈香兰、申丹:《转喻与语境:"What's X doing Y?"构式转喻思维的限制性因素》,《外语教学与研究》2010 年第 2 期。

陈香兰、申屠菁:《转喻矩阵域观》,《外国语》2008 年第 2 期。

陈香兰:《转喻:从"辞格"到认知的研究回顾》,《外语与外语教学》2005 年第 8 期。

陈向明:《质的研究方法与社会科学研究》,教育科学出版社 2000 年版。

陈新仁:《"转喻"指称的认知语用阐释》,《外语学刊》2008 年第 2 期。

程琪龙:《转喻的认知过程和机制》,《外语教学》2011 年第 3 期。

程琪龙:《转喻种种》,《外语教学》2010 年第 3 期。

辞海编辑委员会:《辞海》,上海辞书出版社 1989 年版。

丛莱庭、徐鲁亚：《西方修辞学》，上海外语教育出版社 2007 年版。

大卫·宁等：《当代西方修辞学：批评模式与方法》，常昌富、顾宝桐译，中国社会科学出版社 1998 年版。

邓丽君、荣晶：《批判语言学中的隐喻》，《云南师范大学学报》2004 年第 5 期。

邓一光：《宝贝，我们去北大》，《人民文学》2011 年第 4 期。

邓志勇、杨玉春：《美国修辞批评：范式与理论》，《天津外国语学院学报》2007 年第 3 期。

邓志勇：《伯克修辞学思想述评》，《修辞学习》2008 年第 6 期。

邓志勇：《西方"修辞学"及其主要特点》，《四川外语学院学报》2001 年第 1 期。

邓志勇：《修辞理论与修辞哲学：关于修辞学泰斗肯尼思·伯克研究》，学林出版社 2011 年版。

董成如：《转喻的认知解释》，《解放军外国语学院学报》2004 年第 2 期。

董季棠：《修辞论析》，台湾文史哲出版社 1994 年版。

范开泰：《描写、解释和应用——关于当代语言学研究的一些思考》，《暨南大学华文学院学报（华文教学与研究）》2009 年第 1 期。

弗莱：《诺思洛普·弗莱文论选集》，中国社会科学出版社 1997 年版。

高万云：《中国文学的修辞学批评》，谭学纯、林大津《修辞学大视野》，海峡文艺出版社 2007 年版。

郜积意：《转喻：文学与政治》，《浙江学刊》1999 年第 5 期。

顾曰国：《伯克的"同一"理论——兼论汉英修辞学思想的差异》，《修辞学习》1989 年第 5 期。

顾曰国：《西方古典修辞学与新修辞学》，《外语教学与研究》1990 第 2 期。

郝荣斋：《广义修辞学和狭义修辞学》，《修辞学习》2000 年第 1 期。

何兆熊：《新编语用学概要》，上海外语教育出版社 2000 年版。

何自然、冉永平：《关联理论——认知语用学基础》，《现代外语》1998 年第 3 期。

洪艳清、张辉：《意识形态与认知语言学》，《外语与外语教学》2002 年第 2 期。

胡方芳：《现代汉语转喻的认知研究》，博士论文，华东师范大学，2008 年。

胡曙中：《美国新修辞学研究》，上海外语教育出版社 1999 年版。

胡曙中：《西方新修辞学概论》，湘潭大学出版社 2009 年版。

胡曙中：《西方修辞学：当今语言研究之理论渊源》，《外语电化教学》2008 年第 4 期。

胡曙中：《现代英语修辞学》，上海外语教育出版社 2004 年版。

胡曙中：《英语修辞学》，上海外语教育出版社 2002 年版。

胡曙中：《英语语篇语言学研究》，上海外语教育出版社 2005 年版。

胡壮麟:《认知隐喻学》,北京大学出版社 2004 年版。

胡壮麟等:《语言学教程》,北京大学出版社 1988 年版。

胡壮麟等:《语言学教程(修订版)》,北京大学出版社 2001 年版。

胡壮麟等:《语言学教程(第三版)北京》,北京大学出版社 2006 年版。

胡壮麟等:《语言学教程(第四版)》,北京大学出版社 2011 年版。

黄伯荣、廖序东:《现代汉语》,高等教育出版社 2002 年版。

黄华新、徐慈华:《隐喻表达与经济性原则》,《浙江大学学报(人文社会科学版)》2006 年第 3 期。

黄洁:《论理解汉英隐转喻名名复合词的参照活动模式》,《外语与外语教学》2011 年第 2 期。

纪玉华、陈燕:《批评性语篇分析的新方法:批评隐喻分析》,《厦门大学学报(社会科学版)》2007 年第 6 期。

江晓红、何自然:《转喻词语识别的语境制约》,《外语教学与研究》2010 年第 6 期。

江晓红:《认知语用研究:词汇转喻的理解》,中国社会科学出版社 2009 年版。

江晓红:《转喻词语理解的认知语用机理探究——关联理论和认知语言学的整合分析模式》,《现代外语》2011 年第 1 期。

鞠玉梅:《新修辞学的后现代主义特征》,《天津外国语学院学报》2008 年第 4 期。

鞠玉梅:《肯尼斯·伯克新修辞学理论述评——戏剧五位一体理论》,《外语学刊》2003 年第 4 期。

鞠玉梅:《社会认知修辞学:理论与实践》,外语教学与研究出版社 2011 年版。

鞠玉梅:《通过"辞屏"概念透视伯克的语言哲学观》,《现代外语》2010 年第 1 期。

鞠玉梅:《语篇分析的伯克新修辞模式》,湖南人民出版社 2006 年版。

肯尼斯·博克等:《当代西方修辞学:演讲与话语批评》,常昌富、顾宝桐译,中国社会科学出版社 1998 年版。

蓝纯:《修辞学:理论与实践》,外语教学与研究出版社 2010 年版。

李可:《杜拉拉升职记》,陕西师范大学出版社 2007 年版。

李克、李淑康:《基于〈高级英语〉的英语专业学生转喻思维的实证研究》,《北京第二外国语学院学报》2008 年第 8 期。

李克、李淑康:《批评转喻分析的意识形态观》,《山东外语教学》2011 年第 5 期。

李克、李淑康:《体育新闻语篇中名词回指构建的认知机制》,《北京航空航天大学学报(社会科学版)》2010 年第 3 期。

李克、刘新芳:《修辞权威,修辞人格与修辞劝说的互动关系研究:基于一则汽车广告的分析》,《中南大学学报(社会科学版)》2011 年第 4 期。

李克、卢卫中:《英语语篇名词回指的转喻研究》,《外语研究》2008 年第 2 期。

李克:《批评转喻分析模式试探》,《当代修辞学》2011 年第 4 期。

李庆荣:《现代实用汉语修辞》,北京大学出版社 2002 年版。

李显杰:《从现代到后现代:当代修辞学理论辨析》,《华中师范大学学报(人文社科版)》2004 年第 3 期。

李艳芳:《批评性语篇分析的修辞学视角探索》,《天津外国语学院学报》2009 年第 4 期。

李艳芳:《批评性语篇分析修辞视角研究》,博士论文,上海外国语大学,2008 年。

李艳芳:《修辞学视角下的隐喻批评分析》,《中州大学学报》2010 年第 1 期。

李勇忠:《论语法转喻对语言结构的影响》,《外语教学与研究》2005 年第 4 期。

李勇忠:《言语行为转喻与话语的深层连贯》,《外语教学》2004 年第 3 期。

李勇忠:《语言转喻的认知阐释》,东华大学出版社 2004 年版。

李勇忠:《语义压制的转喻理据》,《外语教学与研究》2004 年第 6 期。

利昂·P.巴拉达特:《意识形态:起源和影响》,张慧芝、张露璐译,世界图书出版公司 2009 年版。

廖益清:《批评话语分析综述》,《集美大学学报(哲社版)》2000 年第 1 期。

刘焕辉:《言语交际学的性质及其他》,《语言文字应用》1992 年第 4 期。

刘亚猛:《西方修辞学史》,外语教学与研究出版社 2008 年版。

刘亚猛:《追求象征的力量:关于西方修辞思想的思考》,生活·读书·新知三联书店 2004 年版。

刘正光:《论转喻与隐喻的连续体关系》,《现代外语》2002 年第 1 期。

卢卫中、刘玉华:《小说叙事的转喻机制》,《外语教学与研究》2009 年第 1 期。

卢卫中:《转喻的理解与翻译》,《中国翻译》2011 年第 2 期。

陆俭明:《隐喻、转喻散议》,《外国语》2009 年第 1 期。

罗渊、毛丽:《从"狭义"到"广义":中国修辞学研究转型及其学术意义》,《福建师范大学学报(哲学社会科学版)》2007 年第 1 期。

吕叔湘、王海:《〈马氏文通〉读本》,上海教育出版社 2001 年版。

马景秀:《术语规范与新闻话语的修辞建构》,《天津外国语学院学报》2007 年第 3 期。

毛宣国:《修辞批评的价值和意义》,《湖南师范大学社会科学学报》2008 年第 4 期。

齐泽克:《图绘意识形态》,方杰译,南京大学出版社 2002 年版。

沈家煊:《转指与转喻》,《当代语言学》1999 年第 1 期。

史锡尧、杨庆蕙:《现代汉语》,北京师范大学出版社 1984 年版。

束定芳:《隐喻和换喻的差别与联系》,《外国语》2004 年第 3 期。

束定芳主编:《隐喻与转喻研究》,上海外语教育出版社 2011 年版。

孙毅:《隐喻机制的劝谏性功能——一项基于"CCTV"杯英语演讲比赛演讲辞的研究》,中国社会科学出版社 2010 年版。

谭学纯、朱玲:《广义修辞学》,安徽教育出版社 2008 年版。

谭学纯:《国外修辞学研究散点透视——狭义修辞学和广义修辞学》,《三峡大学学报(人文社会科学版)》2002 年第 4 期。

谭业升:《转喻的图式——例示与翻译的认知路径》,《外语教学与研究》2010 年第 6 期。

唐钺:《修辞格》,商务印书馆 1923 年版。

唐松波、黄建霖主编:《汉语修辞格大辞典》,中国国际广播出版社 1989 年版。

田海龙:《语篇研究:范畴、视角、方法》,上海外语教育出版社 2009 年版。

田海龙:《语篇研究的批评视角》,《外语教学与研究》2008 年第 5 期。

田海龙:《语篇研究的批评视角:从批评语言学到批评话语分析》,《山东外语教学》2006 年第 2 期。

涂家金:《修辞的情境与情境的修辞》,《大连大学学报》2009 年第 5 期。

王德春、陈晨:《现代修辞学》,上海外语教育出版社 2001 年版。

王军:《如何精确理解"整体—部分"的优势顺序——兼论陆丙甫先生的分析方法》,《外国语》2012 年第 1 期。

王希杰:《汉语修辞学》,北京出版社 1983 年版。

王希杰:《借代修辞格辨识》,《毕节师范高等专科学校学报》2005 年第 4 期。

王寅:《基于认知语言学的"认知修辞学"——从认知语言学与修辞学的兼容、互补看认知修辞学的可行性》,《当代修辞学》2010 年第 1 期。

王寅:《什么是认知语言学》,上海外语教育出版社 2011 年版。

王勇:《〈论语〉英译的转喻视角研究》,上海交通大学出版社 2011 年版。

王玉仁:《系统修辞学》,中国社会科学出版社 2010 年版。

韦恩·C.布斯:《修辞的复兴:韦恩·布斯精粹》,穆雷等译,译林出版社 2009 年版。

魏在江:《概念转喻与语篇衔接——各派分歧、理论背景及实验支持》,《外国语》2007 年第 2 期。

温科学:《20 世纪西方修辞学理论研究》,中国社会科学出版社 2006 年版。

温科学:《中西比较修辞论——全国化视野下的思考》,中国社会科学出版社 2009 年版。

文军:《英语修辞格词典》,重庆大学出版社 1992 年版。

文旭、叶狂:《转喻的类型及其认知理据》,《解放军外国语学院学报》2006 年第 6 期。

吴为善:《认知语言学与汉语研究》,复旦大学出版社 2011 年版。

辛斌:《批评性语篇分析:问题与讨论》,《外国语》2004 年第 5 期。

辛斌:《批评性语篇分析方法论》,《外国语》2002 年第 6 期。

辛斌:《批评语言学:理论与应用》,上海外语教育出版社 2005 年版。

辛斌:《批评语言学与英语新闻语篇的批评性分析》,《外语教学》2000 年第 4 期。

辛斌:《语言、权力与意识形态:批评语言学》,《现代外语》1996 年第 1 期。

熊学亮:《从语言转隐喻角度管窥视喻》,《天津外国语学院学报》2010 第 5 期。

徐盛桓:《外延内涵传承说——转喻机理新论》,《外国语》2009 年第 3 期。

徐盛桓:《转喻为什么可能——"转喻与逻辑"研究之二:"内涵外延传承"说对转喻的解释》,《上海交通大学学报(哲学社会科学版)》2008 年第 1 期。

许葵花:《认知语境的语义阐释功能——多义现象中认知语境的有声思维研究》,《外语电化教学》2010 年第 6 期。

许余龙:《篇章回指的功能语用研究》,上海外语教育出版社 2004 年版。

杨成虎:《语法转喻的认知研究》,上海交通大学出版社 2011 年版。

姚喜明:《西方修辞学简史》,上海外语教育出版社 2009 年版。

姚喜明、王惠敏:《Bitzer 的修辞情景观研究》,《西安外国语大学学报》2009 年第 6 期。

俞吾金:《意识形态论》,上海人民出版社 1993 年版。

俞吾金:《意识形态论(修订版)》,人民出版社 2007 年版。

袁影:《修辞批评新模式的构建研究》,博士论文,上海外国语大学,2008 年。

袁影、蒋严:《论"修辞情境"的基本要素及核心成分——兼评比彻尔等"修辞情境"观》,《修辞学习》2009 年第 4 期。

袁影:《中西修辞批评:渊源与特征简论》,《福建师范大学学报(哲学社会科学版)》2011 年第 6 期。

张汉熙:《高级英语(修订本)第一册》,外语教学与研究出版社 1995 年版。

张辉、江龙:《试论认知语言学与批评性语篇分析的融合》,《外语学刊》2008 年第 5 期。

张辉、卢卫中:《认知转喻》,上海外语教育出版社 2010 年版。

张辉、孙明智:《概念转喻的本质、分类和认知运作机制》,《外语与外语教学》2005 年第 3 期。

张辉、展伟伟:《广告语篇中多模态转喻与隐喻的动态构建》,《外语研究》2011

年第 1 期。

张辉、周平:《转喻与语用推理图式》,《外国语》2002 年第 4 期。

张结海:《上海新移民的文化冲突背景研究》,上海社会科学研究院 2005 年版。

张韧:《转喻的构式化表征》,《外国语》2007 年第 2 期。

赵春丽、李晓玲:《夜谈足球英语词语的汉译》,《作家》2010 年第 8 期。

朱炜:《试论隐喻的意识形态性》,《南京社会科学》2010 年第 7 期。

朱永生:《语境动态研究》,北京大学出版社 2005 年版。

邹春玲:《汉语转喻理解的模因分析》,《外语学刊》2008 年第 6 期。

图书在版编目(CIP)数据

转喻的修辞批评研究/李克著. —厦门:厦门大学出版社,2015.12
ISBN 978-7-5615-5852-2

Ⅰ.①转… Ⅱ.①李… Ⅲ.①英语-修辞学-研究 Ⅳ.①H315

中国版本图书馆 CIP 数据核字(2015)第 298392 号

官方合作网络销售商:　dangdang.com　amazon.cn　JD.COM 京东

厦门大学出版社出版发行

(地址:厦门市软件园二期望海路 39 号　邮编:361008)
总 编 办 电 话:0592-2182177　传真:0592-2181406
营销中心电话:0592-2184458　传真:0592-2181365
网址:http://www.xmupress.com
邮箱:xmup @ xmupress.com
厦门市万美兴印刷设计有限公司印刷
2015 年 12 月第 1 版　2015 年 12 月第 1 次印刷
开本:720×1000　1/16　印张:11.25　插页:2
字数:210 千字
定价:48.00 元
本书如有印装质量问题请直接寄承印厂调换